Michael Stahl / Klaus Hettmer

Deine Sehnsucht nach dem Paradies

MICHAEL STAHL / KLAUS HETTMER

Deine Sehnsucht nach dem Paradies

GLORYWORLD-MEDIEN

1. Auflage 2014

© 2014 Michael Stahl und Dr. Klaus Hettmer

© 2014 GloryWorld-Medien, Bruchsal, Germany

Bibelzitate sind, falls nicht anders gekennzeichnet, der Lutherbibel, Revidierte Fassung von 1984, entnommen.

Weitere Bibelübersetzungen:
ELB: Elberfelder Bibel, Revidierte Fassung von 1985
GNB: Gute Nachricht Bibel, 2002
HFA: Hoffnung für alle, Basel und Gießen, 1983
NGÜ: Neue Genfer Übersetzung, 2009
NLB: „Neues Leben. Die Bibelübersetzung", Holzgerlingen, 2002.
REÜ: Einheitsübersetzung in neuer Rechtschreibung, 2004

Das Buch folgt den Regeln der Deutschen Rechtschreibreform. Die Bibelzitate wurden diesen Rechtschreibregeln angepasst.

Lektorat: Dr. Dorit Bieneck
Satz: Manfred Mayer
Umschlaggestaltung: Rainer Zilly, www.kreativ-agentur-zilly.de
Foto: iStockphoto (mycola)
Druck: CPI books GmbH, Leer

Printed in Germany

ISBN: 978-3-936322-21-7

Bestellnummer: 359221

Erhältlich beim Verlag:

GloryWorld-Medien
Postfach 41 70
D-76625 Bruchsal
Tel.: 07257-903396 (ab 1.12.14: 02801-9874200)
Fax: 07257-903398 (ab 1.12.14: 02801-9874201)
info@gloryworld.de
www.gloryworld.de

oder in jeder Buchhandlung

INHALT

Einst lebten wir im Paradies in enger Gemeinschaft mit Gott.

Wir waren von Heiligkeit und Liebe umgeben

und vollkommen von ihr erfüllt.

Keine Krankheiten, Schmerzen noch Tod existierten dort.

Unser freier Wille lehnte jedoch diese Liebe

und diese Gemeinschaft ab,

wir rebellierten und mussten den Ort der Heiligkeit

und der vollkommenen Liebe verlassen.

Seit diesem Augenblick herrscht

eine unbeschreibliche Sehnsucht in unseren Herzen.

Werbestrategen, Wellness-Oasen, Urlaubsanbieter,

Immobilienmakler, Gärtner, Landschaftspfleger,

Lebensmittelhersteller und sogar Sekten, Drogendealer

und Bordelle werben mit dem Paradies.

Doch keiner von ihnen kann diese Ursehnsucht stillen,

nur der, der sie in unser Herz legte.

Der, mit dem wir einst in enger Gemeinschaft lebten – Gott selbst!

VORWORT

Ich liebe Wortspielereien. Also bevor es losgeht, noch ein Wort oder auch ein paar mehr. „Deine Sehnsucht nach dem Paradies", so lautet der Titel von Dr. Klaus Hettmer und mir – Michael Stahl. Ich wähle besonders gerne die Du-Anrede, da ich die Menschen in meinen Vorträgen bzw. Besuchen in Gefängnissen, Heimen, Schulen, bei Suchtkranken, Kliniken, Kindergärten ... fast immer mit Du anspreche. Dasselbe gilt natürlich auch für meine Mitmenschen, denen ich gerne das Du anbiete. Klaus und ich sind seit einigen Jahren sehr gute Freunde. Als Psychotherapeut erlebt er sehr viel und ist mit vielen Sorgen, Nöten und Abgründen konfrontiert, vor allem aber auch mit vielen unerfüllten Sehnsüchten.

Ich arbeite seit über 20 Jahren mit Menschen. Unzähliges Leid erlebte ich, und viele Menschen, die keine Lebensfreude mehr hatten, begegneten mir. Aus diesen unterschiedlichen Blickwinkeln wollen wir „Deine Sehnsucht nach dem Paradies" betrachten. Auch gilt es zu definieren: Wer bist du, woher kommst du, was ist der Sinn deines Lebens? Was macht dich aus? Was bedeutet das Wort „Sehnsucht", und was verstehen wir unter „Paradies"?

Klaus und mich verbindet der Glaube an Jesus Christus und unsere Liebe sowie das darin enthaltene Vertrauen zu ihm. Ich denke, es ist eine spannende und wertvolle Angelegenheit, von einem erfahrenen Therapeuten und einem Gewaltpräventionsberater, der in über 20 Jahren mit vielen Tausenden von Menschen zu tun hatte, etwas anzunehmen oder gar zu lernen.

Jesus pflegte zu den Menschen sehr oft zu sagen: „Folge mir nach." Es wäre schön, wenn du unseren Zeilen folgen würdest und dabei mit dem Herzen Schritt hältst sowie deine wahren

Sehnsüchte betrachtest, um eines Tages nach Hause zu kommen. Dort, wo Gott wohnt, ist das Paradies. Das Paradies sehnt sich sogar nach dir. Ja, es war sogar schon da und lebte unter uns. Wir erreichen es nicht durch Leistungen, sondern nur durch Vertrauen, durch eine Liebeserklärung an Gott. Als der Mensch schuldig wurde im „Garten Eden", da suchte Gott persönlich nach dem Menschen und rief nach ihm: „Adam, wo bist du?" Adam bedeutet übersetzt „Mensch". Gott fragte also: „Mensch, wo bist du?" Du könntest für Adam auch deinen Namen einsetzen. Dann wird es persönlicher. Viele Menschen glauben nicht an einen persönlichen Gott. Doch er glaubt an dich. Wie kann etwas so Persönliches entstehen wie der Mensch, ohne eine Person, die ihn schuf? Leben kann nur aus Leben entstehen. Würde kann uns nur der verliehen haben, der würdevoll ist.

Dass wir ein Wesen mit Würde sind, ist schon in unserem Grundgesetz verankert: „Die Würde des Menschen ist unantastbar" (Art. 1).

„Wo bist du?" So ruft Gott aus dem Paradies jeden Augenblick nach dir und mir, direkt in dein und mein Herz. Dieses Rufen nennen wir „Sehnsucht". Er hatte Sehnsucht nach den Menschen, nach uns, und hat es heute noch. Folge unseren Texten, die wir aus dem Herzen heraus geschrieben haben. Klaus und mich verbindet diese einzigartige, wunderbare Liebe und das Vertrauen in den himmlischen Vater, also gegen den Trend von „Es ist doch egal, an was man glaubt" oder Glücksbringer usw. Es lohnt sich für dich. Klaus' psychologische Erkenntnisse und langjährige Erfahrung in seiner Praxis gepaart mit meiner intensiven Lebenserfahrung durch die Begegnung mit Hunderttausenden von Menschen können dir wertvolle Impulse dazu geben, das Paradies – das Ziel aller Träume und Sehnsüchte – zu finden.

Folge unseren Zeilen, um eine Herzensentscheidung für den zu treffen, der nach dir ruft und der dich voller Vertrauen und Liebe bittet und aufruft: „Folge mir nach" (Jesus Christus).

Herzlichst, Michael Stahl

KAPITEL 1

Klug werden

Sehnsucht ist die Suche nach dem Paradies, nach Frieden, nach Schönheit, nach der Heimat, nach Liebe, nach dem, der in Ewigkeit bleibt … nach Gott.

Bevor wir so richtig starten, wollen wir zuerst auf das Ende schauen. Auf den Ort und den Zeitpunkt, wo alles Diskutieren ein Ende hat, wo es nicht mehr darum geht, wer mehr oder weniger Recht hat, und wo wir nicht mehr philosophieren, heiße Debatten führen und jeder sich und seine Meinung in Position bringt.

Blicken wir doch einmal auf die letzten Augenblicke im Leben einiger Menschen.

Kurz bevor mein geliebter Onkel starb, berichtete er mir, er habe die Nacht zuvor alles mit seinem Schöpfer besprochen, er habe ihm alle Sorgen, offenen Fragen und seine Schuld abgegeben.

Der Sterbeprozess meiner Oma dauerte sechs Wochen. Sie berichtete mir immer wieder, wie getragen und geborgen sie sich fühlte, und betete immer und immer wieder.

Eine an Krebs erkrankte Bekannte, bei der keine Hoffnung mehr bestand, sagte mir, ihrem Körper gehe es sehr sehr schlecht, aber Ihre Seele sei ruhig, weil sie wisse, dass sie nach Hause gehe.

Lehre uns bedenken, dass wir sterben müssen, auf dass wir klug werden (Psalm 90,12).

Ja, ich glaube, dass wir im Angesicht des Todes wohl am ehesten klug werden. Also schauen wir doch mal kurz in die Geschichtsbücher. Ich kann mir zum Beispiel gut vorstellen, dass Stunden bevor die Titanic sank noch manche große Rede geschwungen wurde. Da diskutierte man über dies und jenes, vielleicht, ob es einen Gott oder ein höheres Wesen gibt oder ob es egal ist, an was man glaubt. Doch als der Eisberg in dunkler und kalter Nacht den Weg des „unsinkbaren Schiffes" kreuzte und das Sterben für viele der Passagiere näher rückte, da verstummten wohl alle Diskussionen. Da war Panik da, man konzentrierte sich auf das Wesentliche: auf sich selbst, das Überleben und auf Gott. Das letzte Lied, das die Bordkapelle spielte, war „Näher, mein Gott, zu dir".

Ja, ich bin der festen Überzeugung, dass die Sehnsucht nach dem Paradies nichts anderes ist als die Sehnsucht nach der Nähe Gottes. Als 2001 das World Trade Center einstürzte, da brach auch in der Welt einiges zusammen. Vielleicht sogar der Stolz und die Eitelkeit von vielen Menschen. Da wurde wieder gebetet wie selten zuvor. Gebet drückt die Einsicht aus, dass wir es nicht alleine schaffen, dass wir uns unserer Schwachheit und Begrenztheit bewusst sind. Damals wurden viele Pastoren angehalten, die Kirchen Tag und Nacht geöffnet zu lassen, damit die Menschen einen Zufluchtsort hätten, an dem sie gemeinsam beten könnten. Die Welt hielt den Atem an. Man kam zur Ruhe, viele starrten gebannt in ihr TV-Gerät. Viele beteten, zündeten Kerzen an und wurden einfach nur still. So mancher wurde klug, wenn er daran dachte, dass sein Leben, seine Zukunft in der Hand des Einen lag, der größer, stärker und mächtiger ist. Andere interessierte es Tage später kaum noch. Sie bewegten sich wieder in ihren alten Mustern.

Das ist auch meine Erkenntnis. Einige Menschen verlor ich in meinem Leben. Manche durfte ich ein Stück ihres letzten Lebenswegs begleiten. Was bleibt auf diesem letzten Abschnitt? Mir ist noch keiner begegnet, der noch große Reden geschwungen oder der sich seines Verstandes gerühmt hätte. Stets sprachen sie von den Dingen, die ihnen auf oder im Herzen lagen.

Sie sehnten sich nach Liebe und Vergebung und viele redeten mit Gott. Dieses Reden mit Gott nennt man Gebet. Es waren die tiefsten und ehrlichsten, ja, die aufrichtigsten Gebete, die ich je hörte. Hier offenbart sich die tiefe Einsicht: *Ich schaffe es nicht alleine, ich vertraue dir; mein Leben liegt in deiner Hand.* Auf einmal wird dem Menschen bewusst, dass er sich das Leben ja nicht selbst gab. Er legt es nun in die Hände dessen, der das Leben selbst ist und der es ihm geschenkt hat. Liebe, Versöhnung und das Gebet, so meine Erfahrung, sind die größten Sehnsüchte von Sterbenden. Wenn dies im Angesicht des Todes so wichtig und bedeutend ist, dann sollten wir das JETZT auch erleben und weitergeben wollen.

Ich erinnere mich gerade an liebe Menschen, die ich verlor. Ich sitze in meinem Büro, höre wunderschöne Musik und sehe ihre Gesichter vor mir. Ich bin vielleicht nicht der beste Schreiber, aber ich schreibe aus meinem Herzen zu den Herzen. Ich möchte dich reich beschenken mit dem Schatz, den ich finden durfte.

> *Wer mich von ganzem Herzen sucht, von dem lasse ich mich finden* (nach Jer 29,13-14).

Weißt du, welchen Satz ich sehr oft von Sterbenden hörte? „Ich gehe nach Hause – heim."

Mein Vater hat mir diesen Satz des Öfteren vor seinem Tode gesagt und ich habe ihn lange nicht verstanden, da er ja „zu Hause" war, wie ich dachte. Als er dann ging, verstand ich es.

Heimat ist auf keiner Karte verzeichnet, es ist der Ort, an dem man geliebt ist.

> *Gott ist die Liebe, wer in dieser Liebe bleibt, der bleibt in Gott und Gott in ihm* (1 Joh 4,16 HFA).

Vor vielen Jahren durfte ich ein Projekt mit krebskranken Kindern machen. Da fragte mich ein kleiner Bub: „Michael, wenn ich sterbe, wo gehe ich dann hin?"

Wie sehr trafen mich doch die Worte dieses noch so jungen Lebens, aber wie froh war ich, dass ich ihm vom Himmel berichten konnte, den ich zwar selbst noch nicht kenne, der aber doch in Jesus Christus zu uns gekommen ist. Ich musste den Jungen nicht gekünstelt trösten, sondern sprach von dem, was ich in meinem Herzen trug. Als ich dann wieder draußen im Auto war, habe ich noch lange geweint.

Ja, Gott, lehre uns bedenken, dass wir sterben müssen, auf dass wir klug werden. Mögen wir ernsthaft all unsere wahren Sehnsüchte anschauen. Bereits vor Jahrzehnten fanden Wissenschaftler heraus, dass unerfüllte Sehnsüchte die Menschen krank machen. Das bedeutet doch aber im Umkehrschluss, dass ihre Erfüllung uns gesund macht bzw. erhält. Es ist die Sehnsucht zu erkennen, wie er ist und was er ist – die Liebe selbst. Nahe bei ihm finden wir Ruhe. Da sind wir zu Hause, da sind wir endlich angekommen, das ist der Ort, an dem wir unendlich und wahrhaft geliebt sind. Gott selbst ist die Liebe. Er ist kein „Es", kein höheres Wesen, keine fremde Macht, nicht das Schicksal und keine Vorsehung, sondern der himmlische Papa.

Dort wo Papa ist, dort ist das Paradies.

Ein Freund, der an Krebs erkrankte und dessen Arzt ihm sagte, dass er die kommenden zwei Tage nicht überleben würde, schrieb wenige Stunden vor seinem Tod folgende Zeilen:

> Wenn Gott mich nicht heilt und jemand damit nicht zurecht kommt, dann hat derjenige Jesus und sein Evangelium, sein Wesen und sein Wirken wahrscheinlich einfach noch nicht so richtig verstanden – so wie auch ich es noch nicht ganz verstanden habe. Das ist keineswegs ein Drama – eher normal, weil unser aller Erkenntnis ja nur Stückwerk ist. Jeder darf sich einfach weiter danach ausstrecken, IHN zu erkennen, wie er in Wahrheit ist und so in Ihm zur Ruhe kommen. Wenn Gott mich nicht heilt, bin ich bald bei Jesus – und warte dort auf dich!
> Der Herr segne euch, ihr Geliebten!

Gedanken von anderen

Ich habe große Sehnsucht nach meiner Zwillingsschwester. Sie ist im sechsten Monat im Bauch unserer Mutter gestorben und wahrscheinlich können es nur Zwillinge nachempfinden, wie sehr ich sie vermisse und welch große Sehnsucht in mir ist, sie im Himmel wiederzusehen.

Und ich hab so große Sehnsucht nach ihr, weil sie die Einzige wäre, die mich verstehen würde, denn von meinen Eltern wurde ich nie verstanden.

Meine Mutter hat mich abgelehnt und wollte mich abtreiben. Meinen Bruder hat sie abgetrieben und auch nach ihm habe ich Sehnsucht, aber es ist anders bei ihm. Ich bin einfach nur unsagbar traurig, dass er auf so grausame Art sterben musste. Ich habe so Sehnsucht danach, dass ich meine schlimme Vergangenheit endlich verarbeiten kann und endlich Frieden in meinem Herzen habe, auch weil ich weiß, dass Michelle meine Zwillingsschwester es sich so wünschen würde. Ich hab so Sehnsucht danach, verstanden und angenommen zu werden und vielleicht irgendwann mal eine Freundin zu haben, die mich so mag wie ich bin.

Das Paradies wäre, wenn ich bei Jesus oder bei Gott Vater auf dem Schoß sitzen könnte und alles wäre gut!!! Wenn ich nicht mehr ständig weinen müsste und einfach tiefen dauerhaften Frieden hätte. Und wenn ich wieder mit meiner Zwillingsschwester zusammen wäre und mit meinem Bruder und ihnen meine Kinder vorstellen könnte. Das wäre das Paradies. Es wäre einfach alles gut. Es gäbe kein Leid, kein Geschrei, keinen Schmerz, keine Krankheiten und keine Tränen.

Katrin M., 35 Jahre, Storkow

Ich hab täglich neue Ideen, was man anpacken könnte; einen Krimi schreiben oder ein Kinderbuch, neue Lieder machen, Konzerte und Events hochziehen. Ich bin einfach ziemlich umtriebig und kreativ. Außerdem würde ich gerne in jedes Land der Welt reisen und die Sprache und die Kochkunst dort lernen! Ich hätte gerne ein Motorrad, ein schnelles Auto und am liebsten auch einmal im Leben eine Verfolgungsjagd mit der Polizei … ich würde gerne selber einen Helikopter fliegen und einmal mit dem Gleitschirm in ein Tal segeln … Und es gibt so viele Menschen, die ich gerne kennenlernen würde! Kurz: Ich habe wahnsinnig viel Sehnsucht, aber ich werde auf diesem Planeten niemals satt werden! Selbst in einhundert Jahren nicht.

Ich bin aber überzeugt, dass es im Himmel besser wird. Besser als alles, was ich mir vorstellen kann. Dass ich mich bei meinem himmlischen Vater auf dem Schoß wohler fühlen werde als je zuvor in diesem Leben und dass ich in absoluter Gemeinschaft mit Gott und allen Menschen sein werde. Darauf freue ich mich jetzt schon, und deshalb kann ich im Leben auch immer wieder lächelnd akzeptieren, jetzt nicht alles zu haben. Mein Paradies erwartet mich noch.

Philip Obrigewitsch („fil_da_elephant"), 35 Jahre,
Rapper und Songwriter, Esslingen.

KAPITEL 2

Das Paradies

Welche unfassbare und kaum beschreibbare Sehnsucht wir doch nach dem Paradies haben! Ja, weil wir Menschen eben schon mal dort waren. Bitte bedenke bei allem, was du liest, dass einmal der Zeitpunkt kommt, da du sterben musst, um mit der daraus gewonnenen Klugheit dieses Buch zu lesen und es im Herzen zu verstehen. Wir wissen ja nun, dass uns im Sterben nicht mehr die Dinge des Verstandes bewegen, sondern alles, was im Herzen ist.

Die Werbestrategen spielen mit uns und unserer Sehnsucht, weil sie selbst ja auch diese Sehnsucht haben. Da liest man vom „Urlaub im Paradies". Von „paradiesischen" Stränden und Hotels.

Ja, bei jedem Urlaub, zu dem wir aufbrechen, sind wir auf der Suche nach einem Fleckchen Paradies.

Architekten versprechen ein „Paradies" zu entwerfen oder werden von ihren Auftraggebern darum gebeten. Und jeder Besuch im Möbelhaus ist doch nichts anderes als die Sehnsucht, sich selbst ein Paradies zu schaffen.

Es gibt Hotels mit dem Namen „Paradies", Bordelle mit dem Namen „Paradies" … Hier sind Männer wohl auf der Suche nach Eva bzw. nach der Vollkommenheit, die diese einst besaß, nach ihrer unvorstellbaren von Gott gegebenen Schönheit. Ja es gibt sogar ein Dessert mit dem Namen „Paradiescreme", das ich übrigens auch sehr mag.

Die Kosmetikindustrie sowie Schönheitschirurgen versprechen die ewige Jugend, und nicht wenige, die sich zukleistern und sich immer und immer wieder unters Messer legen, zeigen nur ihre Verzweiflung, ihre krankhafte Suche nach Schönheit und Ewigkeit.

Es ist unbeschreiblich, wie groß doch unsere Sehnsucht nach diesem Paradies ist. Was passiert, wenn sie nicht gestillt wird? Was passiert mit und in uns? Wie sieht unsere Suche nach dem Paradies aus? Welche Kämpfe toben in uns um dieses Paradies? Wie gehen wir mit Wunden und Niederlagen um? Woher wissen wir eigentlich etwas von diesem Paradies, dem Garten Eden, dem Himmel oder wie auch immer man diesen Ort nennt, wo Gott ist?

Betrachten wir einmal das meistgelesene Buch der Menschheit, die Bibel. Ja, die Zweifler und Skeptiker kommen wieder mit den Einwänden, die Bibel sei ja von Menschen geschrieben worden, vieles sei falsch überliefert worden usw.

Jesus sagte einmal: „Ich danke dir, Vater, dass du es den Klugen und Weisen verborgen hältst und es denen offenbarst, die einfach und bescheiden sind" (vgl. Matthäus 11,25).

Ich glaube, wir können diese Zeilen nur im Blickwinkel der Ewigkeit verstehen, in Anbetracht unseres Sterbens. Da ist wieder die Bezeichnung „klug". Ich denke, es hat nichts mit Bildung im herkömmlichen Sinne zu tun, sondern es geht um die Klugheit unseres Herzens. Es geht um unsere wahren Sehnsüchte, die es zu stillen gilt, und geht um Vertrauen. In „Vertrauen" steckt das Wort Treue – Zuverlässigkeit. Je mehr wir enttäuscht und verletzt wurden, desto misstrauischer werden wir. Legen wir daher einmal alle unsere Enttäuschungen beiseite (am besten geben wir sie dem, der für alles bereits bezahlt hat – ich komme später noch ausführlicher auf Jesus zu sprechen) und versuchen (da steckt das Wort „suchen" drin) es einfach mit der Wahrheit. Lasst uns die Wahrheit ergründen! Gott sagt: *„Wer mich von ganzem Herzen sucht, von dem lasse ich mich finden"* (vgl. Jer 29,13), und Jesus behauptet von sich: *„Ich bin der Weg, die Wahrheit und das Leben; niemand kommt zum Vater* (also zum Paradies), *denn durch mich"* (Joh 14,6).

Einst lebten die ersten Menschen (Adam und Eva, unsere Ureltern), in enger Gemeinschaft mit Gott. Sie hatten alles, wonach man sich sehnt. Ihre Sehnsüchte schienen alle gestillt zu sein. Dort im Paradies gab es keine Krankheiten, keinen Tod, keine Lügen, keine Verbrechen, kein Mobbing. Das Paradies ist der Ort der Vollkommenheit. Wenn man sich bewusst wird, dass Gott heilig ist, dann wird einem klar, dass dort, wo Gott ist, es keine Schatten, kein Lug und Trug geben kann.

Das Wesen des Paradieses aber ist die Liebe. In der Liebe ist kein Falsch. Liebe entsteht aber nur aus einem freien Willen heraus. Nur wer die Freiheit hat, die Liebe anzunehmen oder abzulehnen, versteht, was wahre Liebe ist. Liebe fordert nie zurück, sie gibt. Um diese Liebe noch besser zu verstehen, betrachten wir das „Hohelied der Liebe", das der Apostel Paulus verfasste, der in jüngeren Jahren die Christen mit unglaublichem Hass verfolgt hatte:

Wenn ich in den Sprachen der Menschen und Engel redete, hätte aber die Liebe nicht, wäre ich dröhnendes Erz oder eine lärmende Pauke. Und wenn ich prophetisch reden könnte und alle Geheimnisse wüsste und alle Erkenntnis hätte; wenn ich alle Glaubenskraft besäße und Berge damit versetzen könnte, hätte aber die Liebe nicht, wäre ich nichts. Und wenn ich meine ganze Habe verschenkte und wenn ich meinen Leib dem Feuer übergäbe, hätte aber die Liebe nicht, nützte es mir nichts.

Die Liebe ist langmütig, die Liebe ist gütig. Sie ereifert sich nicht, sie prahlt nicht, sie bläht sich nicht auf. Sie handelt nicht ungehörig, sucht nicht ihren Vorteil, lässt sich nicht zum Zorn reizen, trägt das Böse nicht nach. Sie freut sich nicht über das Unrecht, sondern freut sich an der Wahrheit. Sie erträgt alles, glaubt alles, hofft alles, hält allem stand. Die Liebe hört niemals auf.

Prophetisches Reden hat ein Ende, Zungenrede verstummt, Erkenntnis vergeht. Denn Stückwerk ist unser Erkennen, Stückwerk unser prophetisches Reden; wenn aber das Vollendete kommt, vergeht alles Stückwerk. Als ich ein Kind war, redete ich wie ein

Kind, dachte wie ein Kind und urteilte wie ein Kind. Als ich ein Mann wurde, legte ich ab, was Kind an mir war. Jetzt schauen wir in einen Spiegel und sehen nur rätselhafte Umrisse, dann aber schauen wir von Angesicht zu Angesicht. Jetzt erkenne ich unvollkommen, dann aber werde ich durch und durch erkennen, so wie ich auch durch und durch erkannt worden bin. Nun aber bleibt Glaube, Hoffnung, Liebe, diese drei; doch am größten unter ihnen ist die Liebe" (1 Kor 13 REÜ).

Aus dieser unbeschreiblichen Liebe heraus gab uns Gott die Chance, ihn auch ablehnen zu dürfen. Das ist Freiheit, kein Zwang. Wir Menschen entschlossen uns damals wie heute, gegen Gott zu rebellieren. Wir wollen autonom sein, unabhängig, eigene Wege gehen und oft einfach nur alles besser wissen.

So wurden wir von Gott getrennt. Alles, was wir einst hatten, kehrte sich nun ins Gegenteil. Wir hatten Gemeinschaft mit Gott ... nun lebten wir von Gott getrennt.

Wir lebten ohne Todesfurcht, nun kam der Tod in die Welt. Wir waren von Heiligkeit umgeben, ja, sogar von ihr erfüllt, aber nun erleben wir Krankheiten, Chaos, Verderben und Katastrophen.

Wir sind nicht mehr im Paradies, sehnen uns aber danach zurück. Woher kommt diese Sehnsucht? Doch nur, weil unsere Ureltern, also Adam und Eva, schon da waren. Wir sind ein Teil von ihnen, und Gott selbst hat die Ewigkeit in unser Herz gelegt. Ja das Innerste unseres Herzens schreit nach der Ewigkeit Gottes, dem Paradies.

Oder glaubst du das nicht? Denkst du wirklich, dass du und deine Familie vom Affen abstammen? Dass wir alle zufällig leben, also ohne Sinn existieren? Dann wäre unser aller Leben ja sinnlos. In Abschiedsbriefen von Menschen, die aus dem Leben scheiden, liest man sehr oft davon, dass das Leben sinnlos sei. Wenn alles sinnlos ist, warum haben wir dann so eine Fülle von Sehnsüchten? Wer hat sie in unser Herz gelegt? Wer kann sie stillen?

Wer beantwortet unsere Lebensfragen, wer stillt unsere wahren Lebenssehnsüchte?

- Woher kommen wir?
- Wohin gehen wir?
- Was ist der Lebenssinn?
- Wer hält zu mir, wenn mich keiner mehr hält?
- Wohin mit meinen Sorgen und Lasten?
- Wer gibt mir wahre Wertschätzung, Anerkennung und Geborgenheit?

Im Paradies haben wir uns diese Fragen nicht gestellt. Wir wussten um unseren Vater. Wir lebten in enger Gemeinschaft mit ihm; hier gab es keine offenen Sehnsüchte. Hier gab es keine Sinnlosigkeit und somit auch keine Sorgen und Lasten. Wir schlossen uns jedoch selbst aus dem Paradies aus. Wir haben die Nähe Gottes abgelehnt. Nun schreit die Welt unbewusst und bewusst wieder nach ihm. Die Erde liegt in großen Schmerzen im Sterben und mit ihr alles, was lebt. Sie sehnt sich nach Gottes Nähe.

Ja, wir haben eine unbeschreibliche Sehnsucht nach ihm. Während ich diese Zeilen schreibe, kommt meine kleine Tochter mit fast fünf Jahren in mein Büro und erzählt mir ein Erlebnis aus ihrem Kindergarten. Zum Abschluss sagt sie mir: „Papa, du bist mir so wertvoll!" Es rührte mein Herz an. Ja, für sie bin ich ein Stück Paradies. Nicht nur wir sehnen uns nach Gott, sondern er sehnt sich auch nach uns. Er hat nie aufgehört, uns zu lieben. Wie sehr freut es mich, wenn meine Kinder in meinen Armen liegen und sie mit mir reden, mir ihre Liebe mitteilen.

Das ist das Paradies: Die Nähe des Papas, seine Liebe, seine Geborgenheit und sein Schutz. Angenommen zu sein, zu Hause sein, am Ort der Liebe. Dort, wo es keinen Schmerz, keine offenen Sehnsüchte, keine Krankheit und keinen Tod gibt. Der Ort, wo es keine Krankenhäuser, Friedhöfe, Armut, Neid, Gier – wo es keine Sünde gibt. Dort, wo es keine Mauern zwischen Gott und uns gibt.

Und ich hörte eine große Stimme von dem Stuhl, die sprach: Siehe da, die Hütte Gottes bei den Menschen! und er wird bei ihnen wohnen, und sie werden sein Volk sein, und er selbst, Gott mit ihnen, wird ihr Gott sein (Offb 21,3).

In Jesus Christus kam Gott zu uns, um uns ganz nahe zu sein.

Am Anfang war das Wort.
Das Wort war bei Gott,
und in allem war es Gott gleich.
Von Anfang an war es bei Gott.

Alles wurde durch das Wort geschaffen;
und ohne das Wort ist nichts entstanden.

In ihm war das Leben,
und dieses Leben war das Licht
für die Menschen.

Das Licht strahlt in der Dunkelheit,
aber die Dunkelheit hat sich ihm verschlossen.

Es trat einer auf, den Gott gesandt hatte;
er hieß Johannes.

Er sollte Zeuge sein für das Licht
und alle darauf hinweisen,
damit sie es erkennen und annehmen.

Er selbst war nicht das Licht;
er sollte nur auf das Licht hinweisen.

Das wahre Licht, das in die Welt gekommen ist
und nun allen Menschen leuchtet,
ist Er, der das Wort ist.

Er, das Wort, war schon immer in der Welt,
die Welt ist durch ihn geschaffen worden,
und doch erkannte sie ihn nicht.

Er kam in seine eigene Schöpfung,
doch seine Geschöpfe, die Menschen,
wiesen ihn ab.

Aber allen, die ihn aufnahmen
und ihm Glauben schenkten,
verlieh er das Recht,
Kinder Gottes zu werden.

Das werden sie nicht durch natürliche Geburt
oder menschliches Wollen und Machen,
sondern weil Gott ihnen ein neues Leben gibt.

Er, das Wort, wurde ein Mensch,
ein wirklicher Mensch von Fleisch und Blut.
Er lebte unter uns,
und wir sahen seine Macht und Hoheit,
die göttliche Hoheit,
die ihm der Vater gegeben hat,
ihm, seinem einzigen Sohn.
Gottes ganze Güte und Treue
ist uns in ihm begegnet (Joh 1,1-14 GNB).

Was für unbeschreiblich starke Zeilen der Apostel Johannes hier verwendet! Ich maße es mir in meiner Begrenztheit nicht an, diesen Text ausführlich zu interpretieren. Dort wird uns beschrieben, Gott selbst, ja, das Paradies, kommt zu uns. Gott möchte uns ganz nahe sein. Entgegen den Gedanken und Vorstellungen von Millionen Menschen, die denken, Gott sei ein fernes unpersönliches höheres Wesen. Hier steht das Gegenteil, er ist ganz nah.

Am Anfang war das Wort. Das Wort war bei Gott,
und in allem war es Gott gleich.

Hier wird Jesus Christus beschrieben. Gott hat uns durch ihn direkt etwas zu sagen.

23

In ihm war das Leben,
und dieses Leben war das Licht
für die Menschen.

Eingangs sagte ich: „Leben kann nur aus Leben entstehen", dessen sind sich auch die meisten Wissenschaftler einig. An anderen Stellen in der Bibel sagt Jesus über sich: „Ich bin der Weg, die Wahrheit und das Leben" (vgl. Joh 14,6) und „Ich bin das Licht der Welt" (vgl. Joh 8,12). Dies ist sozusagen die Signatur und unter dem, was Johannes schreibt. Hier könnte man diskutieren, was wahrhaftes Leben überhaupt bedeutet. Wie oft sind mir Menschen begegnet, die mir sagten, dass sie kein Leben führten, dass sie wertlos seien, dass dies kein Leben sei. Es ist so dunkel geworden auf dieser Welt. Kriege, Hungersnöte, Katastrophen, Gewalt, Habgier, Neid ... usw. Die Welt braucht ein ehrliches und wahrhaftes Licht.

Das wahre Licht, das in die Welt gekommen ist und nun allen Menschen leuchtet, ist er, der das Wort ist.

Je mehr Dunkelheit um uns herum ist, desto größer ist die Sehnsucht nach Licht, die Sehnsucht nach dem Paradies. Genaugenommen ist also das wahrhafte Licht das Paradies. Wenn wir schon im Paradies wären, würden wir uns nicht mehr danach sehnen. Also haben wir Sehnsucht nach dem Licht. Jesus sagt: „Ich bin das Licht der Welt." Doch in der Bibel steht auch, dass die Menschen die Dunkelheit mehr liebten als das Licht (vgl. Joh 3,19). VORSICHT! Es gibt viele Lichter, die blenden, verblenden, in die Irre führen. Ich gehe noch ein wenig näher darauf ein.

Er kam in seine eigene Schöpfung,
doch seine Geschöpfe, die Menschen,
wiesen ihn ab.

Ja, so sind wir Menschen, sehr oft unbelehrbar und besserwisserisch. Die Ablehnung von Jesus, dem Licht, der Wahrheit ... die Ablehnung der Nähe Gottes, bedeutete automatisch Distanz. Diese

Distanz wird sich in unserer Sehnsucht nach dem Paradies wieder bemerkbar machen.

Aber allen, die ihn aufnahmen
und ihm Glauben schenkten,
verlieh er das Recht,
Kinder Gottes zu werden.

Ich weiß gar nicht so recht, wie ich diesen Vers beschreiben soll, kann … Gott sendet uns eine Liebeserklärung und eine Einladung, seine Kinder zu werden. Manche mögen jetzt einwenden, wir seien doch alle Kinder Gottes. Vergessen wir jedoch nicht: Wir sind „raus aus dem Spiel". Den Garten Eden haben wir durch unsere Rebellion im wahrsten Sinne des Wortes aufs Spiel gesetzt und verloren. Wir verloren das Paradies! Wir sind draußen. Wer draußen bleiben möchte, darf das, Liebe ist ja Freiheit pur; in ihr ist auch die Ablehnung enthalten „NEIN, ich möchte nicht Gottes Kind sein". Unsere Herzen dürfen bockig und verschlossen bleiben, auf Ablehnung programmiert. Wir dürfen aber auch die Einladung Gottes annehmen. Wir müssen nichts dafür tun als „Ja" zu sagen zu diesem einmaligen, ewigen Abenteuer, zu Gott, zum Paradies: „Ja, ich nehme dieses unvorstellbare Geschenk an, ich möchte deine Nähe haben, ich möchte mit dir die Ewigkeit verbringen."

Einst lebten wir in enger Beziehung mit Gott. Ich glaube, wenn wir heute Trennungen erleben, wenn Beziehungen zerbrechen, wenn wir Ablehnung erfahren, wenn Freundschaften in die Brüche gehen, dann ist das jedes Mal eine schmerzliche Erinnerung an die wertvollste und heiligste Beziehung, die der Mensch je hatte: die Gemeinschaft und enge Freundschaft mit Gott.

Der Erfüllung aller Sehnsüchte bedeutet auch die Annahme des Geschenkes der Freundschaft mit Gott, ja sogar der Einladung, sein Kind zu sein.

Denn ihr habt nicht einen knechtischen Geist empfangen, dass ihr euch abermals fürchten müsstet; sondern ihr habt einen kindlichen Geist empfangen, durch den wir rufen: Abba, lieber Vater! (Röm 8,15).

Weil ihr nun Kinder seid, hat Gott den Geist seines Sohnes gesandt in unsere Herzen, der da ruft: Abba, lieber Vater! (Gal 4,6).

Das Paradies ist es, zu Gott „Papa" zu sagen und ihn als solchen zu lieben und sich von ihm geliebt zu wissen.

Gedanken von anderen

Die Sehnsucht nach dem Paradies hat mich am Leben gehalten. Sie hat mir Hoffnung geschenkt, an das Gute im Menschen zu glauben.
Ich wagte, von einem besseren Leben zu träumen.
Von aufrichtiger Liebe.
Von einem Leben mit Gott. Vom Dienen. Von Gnade.
Die Sehnsucht nach dem Paradies lässt uns das gute Leben leben. Ohne die Sehnsucht nach einer besseren Welt würden wir unter Umständen alle das Böse in uns ausleben.
Gott ist gnädig mit mir. Ich wurde und werde reich beschenkt und ich kann das Leben nehmen, wie es ist. Mit Licht und Schatten. Und mit unbändiger Hoffnung.

Sandra Zöller, Großostheim, 42 Jahre, Hausfrau und Mutter

Kapitel 3

Vom Schweinetrog zum Tisch des Vaters

Einst verließen wir unsere Heimat. Damit verloren wir auch unsere wahre Identität und Bestimmung. Krampfhaft kämpfen wir nun selbst um das Paradies. Doch durch Kämpfe und Eigenleistung werden wir das Paradies nicht erben. Wir müssen uns daher anschauen, was Jesus uns über das Vaterhaus und unsere Identität zu sagen hat. Dies gilt für alles. Im Gebet baten Klaus und ich, Gott möge uns führen. Wenn es nur unsere eigenen Worte sind ohne jegliche Führung des Vaters, dann ist das im wahrsten Sinn des Wortes „Brotlose Kunst". Dieser Ausdruck gewinnt noch mehr Bedeutung, wenn wir darauf achten, dass Jesus von sich selbst sagt: „Ich bin das Brot des Lebens", und im wunderbaren Gebet des „Vaterunsers" bitten wir um das tägliche Brot. Damit ist mehr gemeint als nur ein reichlich gefüllter Tisch, viel mehr.

Jesus erzählt uns das kostbare Gleichnis vom „verlorenen Sohn":

Und er sprach: Ein Mensch hatte zwei Söhne. Und der jüngste unter ihnen sprach zu dem Vater: Gib mir, Vater, das Teil der Güter, das mir gehört. Und er teilte ihnen das Gut. Und nicht lange darnach sammelte der jüngste Sohn alles zusammen und zog ferne über Land; und daselbst brachte er sein Gut um mit Prassen. Da er nun all das Seine verzehrt hatte, ward eine große Teuerung durch dasselbe ganze Land, und er fing an zu darben. Und ging hin und hängte sich an einen Bürger des Landes; der schickte ihn auf seinen Acker, die Säue zu hüten. Und er begehrte seinen Bauch zu füllen mit Trebern, die die Säue aßen; und niemand gab sie ihm. Da schlug er in sich und sprach: Wie viel Tagelöhner hat mein Vater, die Brot die Fülle haben, und ich verderbe im Hunger! Ich will mich aufmachen und zu meinem Vater gehen und zu ihm sagen: Vater, ich habe gesündigt gegen den Himmel und vor dir und bin hinfort nicht mehr wert, dass ich dein Sohn heiße; mache mich zu einem deiner Tagelöhner! Und er machte sich auf und kam zu seinem Vater. Da er aber noch ferne von dannen war, sah ihn sein Vater, und es jammerte ihn, lief und fiel ihm um seinen Hals und küsste ihn. Der Sohn aber sprach zu ihm: Vater, ich habe gesündigt gegen den Himmel und vor dir; ich bin hinfort nicht mehr wert, dass ich dein Sohn heiße. Aber der Vater sprach zu seinen Knechten: Bringet das beste Kleid hervor und tut es ihm an, und gebet ihm einen Fingerreif an seine Hand und Schuhe an seine Füße, und bringet ein gemästet Kalb her und schlachtet's; lasset uns essen und fröhlich sein! Denn dieser mein Sohn war tot und ist wieder lebendig geworden; er war verloren und ist gefunden worden. Und sie fingen an fröhlich zu sein (Luk 15,11-24).

Ich habe sehr bewusst nur die Hälfte der Geschichte erwähnt. Es geht noch weiter, denn der Vater hatte noch einen Sohn, der die wunderbare Liebe des Vaters, seine Sehnsucht nach seinen Kindern und die damit verbundene Vergebung im Herzen nicht verstanden hatte. Darüber könnte ich noch ein paar weitere Bücher schreiben. Hier wollen wir uns aber nur auf den „verlorenen Sohn" konzentrieren

Verloren war er von dem Zeitpunkt an, als er sich entschloss, das Vaterhaus, sein Paradies, zu verlassen. Ich glaube, er war schon in dem Moment verloren, als die Gedanken nach Unabhängigkeit aufkamen und sein Herz eroberten.

Es ging ihm um mehr, als nur eine andere Anschrift zu haben; er trennte sich von seinem Vater. Er gab seine Identität auf, um eine neue zu suchen. Wir alle waren schon an diesem Punkt. Bereits unsere Ureltern beschlossen denselben Weg zu nehmen wie dieser verlorene Sohn. Sie ließen sich von falschen Versprechen, süßlichen Klängen und schlauen Worten verlocken und weglocken. Man versprach ihnen die ganze Welt, mit all ihren „falschen Lichtern". Sie verließen das wahre Licht und ließen sich von Truglichtern blenden. Versprechen, die nicht aus dem Munde Gottes des Vaters kommen, sind wertlos und halten uns vom Leben fern.

Bald hatte der junge Mann sein Hab und Gut verbraucht. Seine Gier nach Unabhängigkeit trieb ihn an den Schweinetrog. Schon im 10. Gebot warnt uns der Vater vor der Geißelhaft der Gier:

Du sollst nicht begehren deines Nächsten Haus.
Du sollst nicht begehren deines Nächsten Weib …
noch alles, was dein Nächster hat (2 Mose 20,17).

Jeden Tag gaukeln uns Geschäftemacher vor, wir sollen begehren. In jeder Werbung wird uns suggeriert, ohne das neue Auto seien wir wertlos. Wir brauchen immer das Neueste vom Neuesten. Egal, ob es sich um Kleidung, Haus, Auto oder sonstige Konsumgüter handelt. Wir sollen „begehren". In diesem Verb ist „Gier" enthalten. Schauen wir uns an, was in Sachen Geld und Sexualität in der Welt geschieht. Es ist schwer, diesen Verlockungen zu widerstehen und sich auf die Stimme des Vaters zu konzentrieren. Gott zu vertrauen, auch in Dingen, die wir nicht verstehen, ist nicht immer leicht. Man nennt dieses Vertrauen und die Umsetzung desselben „Gehorsam". Gehören und Hören? Wem gehören wir, und auf wen hören wir? Wohin die Gier den Sohn brachte, sehen wir. Hin zum Schweinetrog! Solange ihn die Lichter der Welt blendeten, solange seine falschen Freunde ihn vom Vaterhaus abhielten, so lange spürte er seine wahre Sehnsucht nicht. Am Schweinetrog jedoch war seine Sehnsucht nach dem Paradies, nach seinem Vater, am größten. Und dann lesen wir die entscheidende Stelle in dieser Geschichte: „Da schlug er in sich."

Diese Geschichte ist zu großartig, als dass ein kleiner Schreiberling wie ich ihr gerecht werden könnte. „Da schlug er in sich" könnte auch bedeuten: „Da traf es ihn wie ein Blitz oder wie ein

Donnerschlag." – „Da besann er sich." – „Da wachte er auf." „Da dämmerte es ihm" ... Hat dich dieser Blitz, dieser Donnerschlag auch schon getroffen? Hat's bei dir schon gedämmert, hast du dich schon besonnen? Bist du bereits aufgewacht?

Und er machte sich auf und kam zu seinem Vater.

Jetzt lief er seinem Vater entgegen. Mit dem allerersten Schritt in Richtung Heimat stand er bereits auf der richtigen Seite. Als er und sein Vater sich wieder in den Armen lagen, da war er im „Paradies". Er hatte wieder Gemeinschaft mit Gott. Der Urzustand war wieder hergestellt. Er war wieder von Liebe und göttlicher Ordnung erfüllt und umhüllt. Nun verstehe ich die Sterbenden noch besser, wenn sie sagen: „Wir gehen heim, nach Hause."

Keine Schuld wird dem „wiedergefundenen" Sohn angerechnet. Kein Makel lastet auf ihm; es ist wieder so, als sei nie etwas geschehen. Keine Religion dieser Welt enthält eine solche Liebe! Überall sonst müsste sich der Sohn wohl über viele Jahre seine Anerkennung wieder verdienen. Dabei war er doch schon ausgemergelt, am Ende seiner Kraft – wie sollte er da eine weitere Leistung vollbringen?

So geht es vielen Menschen heute. Sie zerbrechen daran, immer funktionieren zu müssen. Jesus schildert uns hier diese wunderbare Liebe, die andere annimmt. Komm nach Hause, egal, was geschehen ist. Du bist geliebt und angenommen. Gerne darfst du dir einmal das Megaangebot diverser Religionen und Weltanschauungen näher betrachten. Du wirst sehen, dass diese Liebe, die Jesus demonstrierte, einzigartig ist. Falls du mit Jesus nichts zu tun haben möchtest, empfehle ich dir, dich doch mal intensiver mit der Botschaft von Jesus zu beschäftigen, damit du wenigstens weißt, was du ablehnst. Es ist eine Liebe, die nicht von dieser Welt ist. Sie ist unfassbar. Eine solche Liebe lässt sich kaum erklären, nur liebende Väter und Mütter können sie annähernd verstehen. Umso schwieriger wird es in dieser Welt, wenn immer mehr Familien zerstört werden, zerbrechen, wenn mehr und mehr Kinder in zerrissenen Familien aufwachsen und kaum noch wissen, was es bedeutet, angenommen und geliebt zu sein und ein Zuhause zu haben.

Dort in den Armen des Papas, da ist Sicherheit, dort fühlte der Sohn nicht nur die Sicherheit, sondern da war er auch sicher. Keine Schuldanrechnung, keine Abrechnung, keine Anklage, einfach zu Hause und angenommen zu sein. In keiner Religion oder Weltanschauung gibt es diesen liebevollen Vater, zu dem wir Papa sagen dürfen. Überall sonst muss man sich mit Leistungen das ewige Leben erkämpfen. Doch im Evangelium, der „Guten Nachricht", ist das ganz anders: Gott tut etwas für uns. Er sendet seinen Sohn, der alles auf sich nimmt, damit wir frei sind. Dieser ebnet uns den Weg ins Paradies und ist der Weg in die Arme des Vaters.

Wenn ich bedenke, dass so viele Psychotherapeuten über Monate hinweg ausgebucht sind, dass so viele Menschen ausgebrannt und leer sind und dass sich schon so viele das Leben genommen haben, verstärkt sich meine Erkenntnis, dass viele Menschen gar nicht mehr in der Lage sind, sich mit Leistung irgendetwas zu erkämpfen. Die gute Nachricht ist: Du musst gar nichts tun, lass dich beschenken! Du musst auch nicht für deine Lebensschuld bezahlen, denn Jesus hat bereits für alles bezahlt. Lass dich von Gott umarmen.

In den Armen des Vaters wurde der Sohn dazu noch reichlich beschenkt. Er bekam ein neues Gewand, da das alte schmutzig geworden war. Bei den Schweinen, beim Saufen, beim Huren, da hat sein Gewand einiges abbekommen, vermute ich. Er bekommt auch einen Ring angesteckt, mit dem der Vater besiegelte, dass er wieder Familienmitglied und Erbe ist. Der Ring ist auch das Zeichen der ewigen Verbundenheit. Da steckt das Wort „Bund" drin und weist auf den neuen Bund hin, den Gott durch Jesus Christus mit uns Menschen geschlossen hat. Als Jesus am Kreuz starb, sagte er „Ja" zu jedem einzelnen Menschen, auch zu „dir". Hast du das gewusst? So lieb hat er dich, so unendlich lieb, dass alle Bücher der Welt es nicht fassen können, wie sehr er dich liebt. Wenn zwei Menschen heiraten, einen heiligen Bund eingehen, so müssen beide „Ja" sagen. Sagt nur einer von beiden „Ja", kommt kein Ehebund zustande. Beide müssen „Ja" sagen, damit das Bündnis geschlossen wird. Schauen wir mal in der Bibel nach, wie Gott über dich denkt:

Ein Liebesbrief Gottes, des Vaters

Mein Kind,

1. *Ich kenne dich ganz genau, selbst wenn du mich vielleicht noch nicht kennst (Ps 139,1).*

2. *Ich weiß, wann du aufstehst und wann du schlafen gehst (Ps 139,3).*

3. *Ich kenne alle deine Wege (Ps 139,3).*

4. *Du bist mein geliebtes Kind und meine ganze Freude (Lk 3,22 HFA).*

5. *Ich habe dich nach meinem Bild geschaffen (1 Mo 1,27).*

6. *Durch mich lebst und existierst du (Apg 17,28).*

7. *Du bist mein Kind (Apg 17,28 HFA).*

8. *Ich kannte dich schon, bevor du geboren wurdest (Jer 1,4-5).*

9. *Ich habe dich berufen, als ich die Schöpfung geplant habe (Eph 1,11-12).*

10. *Jeder Tag deines Lebens ist mir wichtig und ich bewahre ihn wie in einem Buch (Ps 139,15-16).*

11. *Ich habe den Zeitpunkt und den Ort deiner Geburt bestimmt und mir überlegt, wo du leben würdest (Apg 17,26).*

12. *Ich habe dich auf erstaunliche und wunderbare Weise geschaffen (Ps 139,14).*

13. *Ich habe dich im Leib deiner Mutter kunstvoll gestaltet (Ps 139,13).*

14. *Ich habe dich am Tag deiner Geburt hervorgerufen* (Ps 71,6).

15. *Ich bin nicht weit von dir weg. Ich bin die Liebe in Person* (1 Joh 4,16).

16. *Ich wünsche mir nichts sehnlicher, als dir meine Liebe verschwenderisch zu schenken* (1 Joh 3,1).

17. *Ich biete dir mehr an, als ein Vater auf der Erde es je könnte* (Mt 7,11).

18. *Ich bin der vollkommene Vater* (Mt 5,48).

19. *Alle guten Dinge, die du empfängst, kommen von mir* (Jak 1,17).

20. *Ich stille alle deine Bedürfnisse und sorge für dich* (Mt 6,31-33).

21. *Ich habe Pläne für dich, die voller Zukunft und Hoffnung sind* (Jer 29,11).

22. *Ich liebe dich mit einer Liebe, die nie aufhören wird* (Jer 31,3).

23. *Meine guten Gedanken über dich sind so zahlreich wie der Sand am Meeresstrand* (Ps 139,17-18).

24. *Ich freue mich so sehr über dich, dass ich nur jubeln kann* (Zeph 3,17).

25. *Ich werde nie aufhören, dir Gutes zu tun* (Jer 32,40).

26. *Du bist für mich ein kostbarer Schatz* (2 Mo 19,5).

27. *Ich wünsche mir zutiefst, dich fest zu gründen und deinem Leben Halt zu geben* (Jer 32,41).

28. *Ich will dir große und unfassbare Dinge zeigen* (Jer 33,3).

29. *Wenn du mich von ganzem Herzen suchen wirst, werde ich mich von dir finden lassen* (5 Mo 4,29).

30. *Habe deine Freude an mir – ich will dir das geben, wonach du dich sehnst* (Ps 37,4).

31. *Ich selbst habe diese Wünsche und Sehnsüchte in dich hineingelegt* Phil 2,13).

Warst du dir dieser Liebe bewusst? Schau dir doch mal alle deine wahren Sehnsüchte an. Die falschen erkennst du daran, dass sie dich in dunklen Stunden nicht trösten und dir keinen Halt geben können. Vielmehr machen sie dich krank und haben keinen Bestand für die Ewigkeit. Hast du schon „Ja" zu Gott gesagt? Bist du schon in dich gegangen, umgekehrt, dem Vater entgegen gelaufen? Hast du dir schon den Kuss deines Papas abgeholt? Was hält dich ab? Ist es wichtig, was die Welt von dir denkt? Diejenigen, die in der Welt leben, haben alle dieselben Sehnsüchte wie du. Alle sehnen sich nach dem Paradies – ALLE. Alle haben diese unbeschreibliche, tiefe Sehnsucht nach dem Vater.

Oft sagen mir Menschen, sie möchten Gott gerne kennenlernen; sie wollen hören, was er zu sagen hat. Dort am Schweinetrog konnte der Sohn die Stimme seines Vaters nicht mehr hören, denn er und sein Vater waren getrennt. Je weiter er vom Vaterhaus weglief, desto schwächer vernahm er die Stimme des Vaters. Die grellen, krankmachenden Lichter in der Welt sowie Rebellion, falscher Stolz und sein Bestreben, den Menschen und der Welt zu gefallen, hielten ihn fern vom Vaterhaus.

Erst als er umkehrte, nach dem Blitz und Donnereinschlag, erst als sie sich in den Armen lagen, da hörte der Sohn die Stimme seines Vaters wieder. Gott spricht zu uns durch sein Wort, durch Menschen, durch die Natur, durch Musik und vieles mehr. Doch das Wichtigste ist, dass wir alle vom „Schweinetrog" weg müssen. Dieser Schweinetrog kann die unterschiedlichsten Ausprägungen haben, er bedeutet jedoch immer die absolute Trennung von Gott. Zugleich bedeutet er aber auch die Erkenntnis, es ohne den Vater nicht zu schaffen. Er macht uns klar, wie wunderbar das Paradies ist. In der Armseligkeit an diesem Trog wird uns unsere Einsamkeit bewusst, und die Sehnsucht nach unserem Zuhause treibt uns hoffentlich in die richtige Richtung. Für den „verlorenen Sohn" hatte der Schweinetrog einen heilsamen Effekt. Er hätte auch unterwegs umkommen und aus der heilsamen Erkenntnis am Schweinetrog keinen Nutzen mehr ziehen können. Auch ich war schon mal an diesem Schweinetrog. Wie oft ging ich falsche Wege in meinem Leben, ähnlich wie der verlorene Sohn. Dessen verkehrtester Weg war der aus dem Vaterhaus, weg von seinem Papa. Ich bin mir sicher, dass die neuen Sandalen, die der Sohn bekam, ein Zeichen dafür waren, dass er in der Liebe des Vaters neue Wege gehen würde.

Lasst uns essen und fröhlich sein (Lk 15,23).

Wie wunderbar ist doch dieser Vers, wie vielfältig und wie unbeschreiblich aussagekräftig. „Lasst uns", das ist Gemeinschaft pur. Gemeinsam, Gemeinde, Gemeinschaft, wir alle zusammen, keiner mehr allein. Beziehung ist geschaffen wie einst im Paradies. Allein mit diesem Satz ist das Paradies wiederhergestellt, die Trennung aufgehoben. Wie unendlich traurig muss der Vater gewesen sein, wenn er auf den leeren Platz am Tisch schaute, zu der Zeit, als der Sohn weg war. Wer schon liebe Menschen durch Tod oder Zerwürfnisse verloren hat, der weiß um die traurige Bedeutung leerer Plätze am Tisch.

Natürlich hatte der „verlorene Sohn" vieles mit seinen falschen Freunden unternommen, sie waren gemeinsam beim Glücksspiel, im Bordell und wer weiß wo sonst noch. Doch all dem gab der Vater nicht sein „Ja", sein Segen lag nicht darauf. Es war nicht heilig. In „heilig" ist das Wort „Heil" enthalten, was gleichbedeutend ist mit „gesund", „makellos" und „rein". Die Aktivitäten des Sohnes waren das Gegenteil davon; sie machten ihn krank und letztendlich auch einsam. „Essen und fröhlich sein", beides ist enorm wichtig für das Leben und Überleben. Ohne Essen könnten wir nicht existieren und ohne Freude würden wir vor Trauer und Bitterkeit jeden Tag ein wenig sterben. An vielen Stellen der Bibel fordert uns Gott auf: „Fürchtet euch nicht!" Immer wieder geht es in der Heiligen Schrift auch um Fröhlichkeit. Je fröhlicher wir in unserem Leben sind, je mehr Freude wir haben und weitergeben, desto mehr erleben wir schon auf Erden ein wenig das Paradies.

Hoheit und Pracht sind vor ihm, Macht und Freude in seinem Heiligtum (1 Chr 16,27).

Und seid nicht bekümmert; denn die Freude am HERRN ist eure Stärke (Neh 8,10).

Und auch ihr habt nun Traurigkeit; aber ich will euch wiedersehen, und euer Herz soll sich freuen, und eure Freude soll niemand von euch nehmen (Joh 16,22).

Bisher habt ihr um nichts gebeten in meinem Namen. Bittet, so werdet ihr nehmen, dass eure Freude vollkommen sei (Joh 16,24).

Freude, nichts als Freude. Wenn man noch den Buchstaben „n" vor das „d" setzt, haben wir das Wort „Freunde". Ich erwähnte ja schon, dass ich Wortspielereien liebe. Freundschaft ist auch Freude. Gottes Freundschaft ist Freude pur. Wie drückt sich diese Freude und Freundschaft aus? Sie findet an einem Tisch ihren Höhepunkt. Hören wir die Worte „Lasst uns essen" oder „Essen ist fertig!", bedeutet das doch: „Komm zu Tisch!"

Mir persönlich sind die folgenden Zeilen sehr wichtig. Bitte lest sie noch mehr mit dem Herzen als zuvor.

Es geht um „Tischgemeinschaft". Wir erleben derzeit die schlimmste Hungerskatastrophe in der Geschichte der Menschheit. Über eine Milliarde Menschen hat heute nicht ihr „tägliches Brot". Selbst in Deutschland haben hunderttausende Kinder jeden Tag keine warme Mahlzeit – und das in unserem doch so reichen Land. Da fragen mich Menschen, warum Gott diesen Hunger zulässt. Sie klagen Ihren Schöpfer an. Das ist, als würde sich die Uhr beim Uhrmacher beschweren, oder die Wurst beim Metzger oder das Brot beim Bäcker.

Ich hoffe, du verstehst meine Gedankengänge ein wenig. Wir investieren Milliarden Dollar in Marsexpeditionen, um dort nach Wasser zu suchen und ein neues „Paradies" zu finden. In der Zwischenzeit sterben hier jeden Tag Tausende von Kindern, weil sie kein Wasser haben. Mich interessiert nicht, ob es auf dem Mars Wasser gibt, solange hier noch ein Mensch stirbt, weil er kein Wasser hat. Wir beten um das tägliche Brot und werfen es doch wieder weg, jedes Jahr ca. 500 000 Tonnen. Insgesamt sind es etwa 20 Millionen Tonnen Lebensmittel, die wir allein in Deutschland in den Müll werfen. Was aber macht die Welt? Sie klagt Gott an. Und was macht er? Er liebt jeden einzelnen Menschen so, als gäbe es keinen anderen. Was für ein Gott!

Es gibt so viel Hunger, und doch werden unzählige Kochsendungen im Fernsehen ausgestrahlt. Psychologen fanden heraus, dass dahinter die Sehnsucht nach „Tischgemeinschaft" steckt, die Sehnsucht nach einem Stückchen Paradies: gemeinsam am Tisch sitzen, miteinander reden und fröhlich sein. Es ist wieder diese uralte Sehnsucht nach dem Paradies, nach Gemeinschaft, danach, einen festen Platz zu haben, angenommen zu sein, dazuzugehören, Teil von etwas Großem zu sein. Es ist die Sehnsucht nach Familie, danach, mit Vater an einem Tisch zu sitzen. Wie wunderbar doch Jesus war. In ihm kommt die Liebe des Vaters zu uns, der Vater selbst, die Liebe in Person. Immer wieder trifft man Jesus an einem Tisch an:

> *Und es begab sich, als er zu Tisch saß im Hause, siehe, da kamen viele Zöllner und Sünder und saßen zu Tisch mit Jesus und seinen Jüngern* (Mt 9,10).

- Jesu erstes Wunder bei der Hochzeit zu Kana: Tischgemeinschaft.
- Mit dem Zöllner Zachäus, der auf einen Baum kletterte, um das „Paradies" (Jesus selbst) zu sehen: Tischgemeinschaft.
- Mit den Jüngern von Emmaus: Tischgemeinschaft.
- Am Abend vor seinem Tod feiert er mit seinen Jüngern das vorgezogene Passahmahl: Tischgemeinschaft.

Wie wunderbar Jesus doch ist, wie einzigartig. Noch im Angesicht seines Todes stillt er unsere tiefsten Sehnsüchte.

Was passiert eigentlich bei einer Tischgemeinschaft? Man schaut sich (wieder) in die Augen und redet miteinander. Laut einer offiziellen Studie essen mehr und mehr Menschen alleine, einsam vor dem Fernseher oder dem PC. Die Menschen schauen sich also weniger in die Augen und reden weniger miteinander. Die Folgen sind Isolation, Streit und Missverständnisse, weil das Miteinander-Reden der größte Feind von Streit und Missverständnissen ist. Durch fehlende Tischgemeinschaft vermehren sich Minderwertigkeit, Unzufriedenheit, Streit, Missverständnisse, Hass und dergleichen. Tischgemeinschaften sind heilsam, sie fördern das Gute, pflegen Freundschaften, stärken die Familiengemeinschaft und machen einfach Freude.

Schau dir mal deine Fotoalben an. Du wirst feststellen, dass viele Bilder an einem Tisch aufgenommen sind. Hochzeitsfeiern finden an einem Tisch statt und nach einer Beerdigung selbst der Leichenschmaus. Kumpel treffen sich am Stammtisch, Politiker sitzen am Kabinettstisch, Manager an einem Verhandlungstisch oder man sitzt einfach nur am Frühstücks- oder Mittagstisch. Welch eine große Sehnsucht wir doch nach „Tischgemeinschaft" haben, und damit nach dem Paradies, nach der Liebe, die damit verbunden wird. Welch unglaubliche Nachricht, dass es selbst im Himmel einen Tisch gibt. So lieb hat uns Gott, dass er mit uns an einem Tisch sitzen möchte.

Das finden wir in keiner Religion oder Weltanschauung. Gott möchte dein und mein Vater sein und mit uns, seinen Kindern, an einem Tisch sitzen. Mir fehlen die Worte und jegliche Beschreibung dafür … diese Liebe kann ich nicht mal erahnen. Ich glaube, dass wir die ganze Ewigkeit brauchen, um sie wenigstens ansatzweise fassen zu können.

Siehe, ich stehe vor der Tür und klopfe an. Wenn jemand meine Stimme hören wird und die Tür auftun, zu dem werde ich hineingehen und das Abendmahl mit ihm halten und er mit mir (Offb 3,20).

Und es werden kommen von Osten und von Westen, von Norden und Süden, die zu Tisch sitzen werden im Reich Gottes (Lk 13,29).

Mit der Familie an einem Tisch feiern. Das war das wunderbare Geschenk für den „verlorenen Sohn" nach seiner Umkehr, nachdem er in sich gegangen war, sich besonnen hatte und seinem Vater entgegengegangen war. Und du? Bist du noch auf Abwegen, fern vom Vaterhaus? Warst oder bist du am Schweinetrog und sehnst dich nach der wahren Tischgemeinschaft? Ich weiß, ich bin sehr direkt, aber die Motivation meines Herzens ist Liebe, obwohl ich dich gar nicht kenne. Aber da ich selbst Vater bin, weiß ich, wie schmerzhaft es ist, sich nach seinem Sohn zu sehnen. In meinem Buch „Vater-Sehnsucht" schreibe ich darüber.[1] Nichts ist schlimmer für einen Vater, als wenn seine Kinder ihn verlassen und nicht mehr mit ihm reden.

Nicht nur du sehnst dich nach dem Paradies, sondern das Paradies, der Vater selbst und mit ihm der ganze Himmel, sehnt sich nach dir. Mach es doch wie der „verlorene Sohn": Kehre um und laufe in die Arme des Vaters. Gehe in dich und besinne dich. In „besinnen" steckt das Wort „Sinn". Der einzige Sinn zu leben, ist, „ein Kind Gottes zu werden". Wenn ich mich mit Menschen unterhalte und sie nach dem Sinn des Lebens frage, dann bekomme ich oft die abenteuerlichsten und haarsträubendsten Antworten. Manche haben auch keine Antwort. Gottes Kind zu werden, zu sein ... sein großes Friedenangebot anzunehmen, das er uns in Jesus Christus anbietet, ist der eigentliches Sinn unseres Lebens.

Wahrlich, ich sage euch: Wer das Reich Gottes nicht empfängt wie ein Kind, der wird nicht hineinkommen (Mk 10,15).

Während ich diese Zeilen schreibe, kommt meine kleine Prinzessin in mein Zimmer und singt mir ein Lied aus dem Kindergarten

---

[1] Michael Stahl, Vater-Sehnsucht, GloryWorld-Medien 2012.

vor: „Gott sagt Ja zu dir, Gott sagt Ja zu mir – Gott ist für uns da."
Ich bin von Gottes Timing immer wieder begeistert.

Tatsächlich liegt alles daran, dass er zu dir und mir Ja sagt und für
uns da ist. Hast du auch schon „Ja" zu ihm gesagt? Das ist die Eintrittskarte ins Paradies. Da brauchen wir uns nicht mehr aufzu-
plustern, zu rebellieren, Gott anzuklagen, alles auf eigene Faust zu
machen oder Anerkennung in Tausenden von unheilvollen Dingen zu suchen. Endlich können wir den „Schweinetrog" hinter uns
lassen. Wir dürfen in die ausgebreiteten Arme des Vaters laufen,
weil uns die ausgebreiteten Arme Jesu am Kreuz, sein Leiden, seine Wunden, sein Schmerz, sein Tod und seine Auferstehung den
Weg vom Schweinetrog zum Tisch im Reich Gottes geebnet haben.

Trachtet zuerst nach dem Reich Gottes und nach seiner Gerechtig-
keit, so wird euch das alles zufallen (Mt 6,33).

Wenn ich aber die bösen Geister durch den Geist Gottes austreibe,
so ist ja das Reich Gottes zu euch gekommen (Mt 12,28).

Die Zeit ist erfüllt und das Reich Gottes ist herbeigekommen. Tut
Buße und glaubt an das Evangelium (Mk 1,15).

Jesus selbst ist der Weg. Mit IHM kam das Paradies zu uns. Wer
IHN in sein Herz einlädt, der hat das Paradies und das „Reich Gottes" bereits in sich. Er ist dadurch zum Liebesbrief des Vaters an
die ganze Welt geworden und bringt das Paradies in die Welt zu
den Menschen.

Gedanken von anderen

Diese Welt hat wundervolle Plätze und wunderbare Menschen, die es durch ihre Liebe zum Paradies machen könnten und es auch tagtäglich versuchen …

Doch ist jede Mühe, sei es noch so lieb gemeint, umsonst, wenn sie es ohne Gott versuchen! Es gibt in keinem anderen Heil, nur in JESUS CHRISTUS!

Paradies und Sehnsucht vereint sich für mich mit der Aussage aus 1. Korinther 2,9:

„Kein Auge hat je gesehen, kein Ohr je gehört,
und kein Verstand je erdacht,
was Gott für diejenigen bereithält, die ihn lieben."

Hilda Kaufmann, 39 Jahre, Trainer für Selbstbehauptung

Doch habe ich ein ZIEL, das allen kleinen Zielen übergeordnet ist. Ich nenne es mein LEBENSZIEL: Es ist der Himmel, das Paradies, die EWIGKEIT bei GOTT. Bis es so weit ist, darf ich die Zeit genießen, mich auf mein Ziel vorbereiten, es fokussieren, es herbeiSEHNEN, ungeduldig werden, Vorfreude empfinden, doch mein Ziel immer vor Augen haben.

„Wir haben hier keine bleibende Stadt, sondern die zukünftige su-
chen wir" (Hebr. 13,14).

Mona Polanig, 23 Jahre, Villach/Österreich

Wenn das Sehnen zur Sucht wird, muss das, wonach ich mich sehne, etwas sehr Wertvolles ein. Das Sehnen wird so stark, dass ich nichts anderes mehr im Sinn habe.

Doch was ist dieses Paradies, nach dem wir uns sehnen? Ein Ort, wo uns nichts mehr schmerzt, nicht an Leib oder Seele, wo wir keine Sorgen mehr haben und nur die Liebe regiert? Zumindest das mit der Liebe könnten wir in diesem Leben schon erreichen. Wenn nur alle mitmachen würden …!

Erich Rechtenbacher, 55 Jahre, Polizeikommissar, Ellwangen

Paradies weckt in mir die Sehnsucht nach Harmonie: mit Gott, in der Ehe und mit der Schöpfung. Durch den Sündenfall kam es leider zum Bruch, aber durch Jesus Christus ist Wiederherstellung möglich. Es ist meine Leidenschaft und mein inniger Wunsch, dass diese Wiederherstellung alle Menschen erfahren können

Bernhard Röckle, 52 Jahre, Pastor und
Vorsitzender des Gemeindeverbandes der Volksmission

Paradies und Sehnsucht … Zwei Wörter, die für mich nahe zusammen gehören. Meine größte Sehnsucht ist das Paradies. Weil ich weiß, dass all meine Sehnsüchte im Paradies schlagartig gestillt werden.

Deborah Rosenkranz, 30 Jahre, Sängerin, Stockach

KAPITEL 4

Das himmlischste aller Gebete

Unser Vater im Himmel!
Dein Name werde geheiligt.
Dein Reich komme.
Dein Wille geschehe, wie im Himmel so auf Erden.
Unser tägliches Brot gib uns heute.
Und vergib uns unsere Schuld,
wie auch wir vergeben unsern Schuldigern.
Und führe uns nicht in Versuchung,
sondern erlöse uns von dem Bösen.
[Denn dein ist das Reich
und die Kraft
und die Herrlichkeit
in Ewigkeit. Amen.] (Mt 6,9-13).

Das „Vaterunser" ist das einzige Gebet, das Jesus uns gelehrt hat. Daher muss es unbeschreiblich wichtig und wertvoll sein. Ich bin kein Theologe, ich versuche lediglich mit meiner einfachen kindlichen Liebe zu Gott dieses Gebet zu betrachten. Für mich ist es ein Gebet direkt aus dem Paradies, weil es aus dem Munde dessen kommt, der nicht von dieser Welt, sondern das Brot des Himmels ist.

Jesus aber sprach zu ihnen: Ich bin das Brot des Lebens. Wer zu mir kommt, den wird nicht hungern; und wer an mich glaubt, den wird nimmermehr dürsten (Joh 6,35).

Gott selbst wurde Mensch und wohnte unter uns. „Lehre uns das Beten", wurde er aufgefordert, und dieser Bitte kam er nach mit einem einzigartigen Gebet. Es ist aus dem Paradies, für das Paradies entworfen; hier werden alle unsere Sehnsüchte angesprochen. Die Sehnsucht nach Papa und die Sehnsucht nach wahrem Reichtum, nach dem Himmel auf Erden. Die Sehnsucht nach Brot, nach allem, was wir täglich benötigen; die Sehnsucht nach Gottes Vergebung und danach, dass wir einander vergeben. Und schließlich die tiefe Sehnsucht nach Erlösung von allem Bösen.

Machen wir nun zusammen einen kleinen Streifzug durch dieses wunderbare Gebet. Wir wollen es einfach und kindlich betrachten.

Zu der Zeit fing Jesus an und sprach: Ich preise dich, Vater, Herr des Himmels und der Erde, weil du dies den Weisen und Klugen verborgen hast und hast es den Unmündigen offenbart (Mt 11,25).

„Unser Vater im Himmel."

Schon der Einstieg in dieses Gebet ist so außergewöhnlich, so einzigartig. Es beginnt „familiär". Gibt es das sonst noch irgendwo? „Unser Vater." Hierin ist doch schon alles enthalten. Wer das mit dem Herzen spricht, der hat schon alles gefunden – seine Identität und seinen Lebenssinn, „Kind Gottes zu sein". In der Muttersprache Jesu, im Aramäischen beginnt dieses wunderbare Gebet mit dem Wort „Abba", was so viel bedeutet wie „Papa".

Denn ihr habt nicht einen knechtischen Geist empfangen, dass ihr euch abermals fürchten müsstet; sondern ihr habt einen kindlichen Geist empfangen, durch den wir rufen: Abba, lieber Vater! (Röm 8,15).

Weil ihr nun Kinder seid, hat Gott den Geist seines Sohnes gesandt in unsre Herzen, der da ruft: Abba, lieber Vater! (Gal 4,6).

Ich fühle mich geehrt und es berührt mich sehr, diese Zeilen schreiben zu dürfen. „Papa!" Ich darf wirklich zum Schöpfer allen Lebens, zum Schöpfer des ganzen Universums, der großen und der kleinen Dinge, zu der Liebe selbst, zu dem, der auch mich gemacht hat, „Papa" sagen. Das raubt mir fast den Atem. Ich kann es kaum in Worte fassen. Wer zu Gott „Vater" oder „Papa" sagt, der ist angekommen, der hat seine Identität gefunden. Erinnern wir uns noch an den „verlorenen Sohn"? Nach seiner Rückkehr war sein erstes Wort „Vater", und dann kam die Einsicht: „Ich habe gegen dich gesündigt." Die Umkehr und die Anrede „Vater" hat ihm das Paradies wieder geöffnet.

Die erste Zeile dieses einzigartigen Gebets erinnert stark an die Worte des verlorenen Sohnes: *„Vater, ich habe gesündigt gegen den Himmel und vor dir; ich bin hinfort nicht mehr wert, dass ich dein Sohn heiße."* Und die Antwort des Vaters ist: *„Lasst uns essen und fröhlich sein"* (vgl. Lk 15,21-23).

Wer die Anrede „Vater" von Herzen wählt, der ist wieder Sohn bzw. Tochter. Gottes Kindern steht der Himmel offen. „Lasst *uns* …", „Vater *unser* …" Das „Uns" bedeutet wieder heilige Beziehungen und Gemeinschaft. Du bist nicht mehr allein.

„Unser Vater im Himmel, wir sind ja deine Kinder." Ihn zu haben bedeutet den Himmel; wir sind nie mehr allein. „Du bist da, du liebst uns, wir sind geborgen in deiner Liebe."

„Geheiligt werde dein Name."

Ja, sein Name soll geheiligt werden. Er darf nicht missbraucht werden. Er darf nicht gedankenlos verwendet werden. Im zweiten Gebot steht:

> *Du sollst den Namen des Herrn, deines Gottes, nicht missbrauchen* (2 Mo 20,7).

Das Gegenteil von Missbrauch ist Gebrauch. Wir dürfen seinen Namen gebrauchen zum Loben, zum Danken, zum Bitten. Mein Gott ist ein „Du", ein Gegenüber, eine Person. Er hat einen Namen, ist also kein „Es", keine Energie, sondern ein „Du". Wie oft höre ich die Leute sagen: „Mein Gott, mein Gott", „Ach Gott", „Gott sei Dank", „Grüß Gott". Wie wunderbar wäre es, wenn sie beim Aussprechen seines Namens wirklich voller Liebe an ihn denken würden.

„Dein Reich komme. Dein Wille geschehe, wie im Himmel so auf Erden."

Wenn sein Reich kommt, sein Wille auf der Erde so geschieht wie im Himmel, dann hätten wir ja das vollkommene Paradies schon hier. Ja, Gott möchte uns das zurückgegeben, was wir einst unbedacht aufgegeben haben. Unser Herz zerreißt es fast vor Sehnsucht nach dem Paradies. Aber nichts auf dieser Welt kann diese Sehnsucht stillen, außer Gott selbst. Deshalb kam er zu uns. Wer „Ja" zu ihm sagt, wer ihn zum Kapitän seines Lebensschiffes macht, der wird Gottes Reich schon zu Lebzeiten in sich tragen.

> _Das Reich Gottes kommt nicht so, dass man's beobachten kann; man wird auch nicht sagen: Siehe, hier ist es!, oder: Da ist es! Denn siehe, das Reich Gottes ist mitten unter euch_ (Lk 17,20-21).

Aber so, wie unsere Ureltern im Paradies gegen Gott rebellierten, so darf unser freier Wille ihn natürlich auch heute ablehnen. Auf dem Hügel Golgatha, auf dem Jesus gekreuzigt wurde, standen noch zwei andere Kreuze. Daran hingen zwei Verbrecher, die Jesus in den letzten Stunden ihres Lebens begegneten, denen er im Sterben nahe kam. Was passierte? Einer lehnte ihn ab und der andere nahm ihn an. So wird es auch mit der Botschaft dieses Buches sein. Einige werden berührt sein, einige im Glauben gefestigt werden oder die Liebe Gottes ein wenig besser kennenlernen. Andere werden es ablehnen. So ist es mit der Liebe; sie darf abgelehnt werden. Es gibt keine Liebe ohne freie Willensentscheidung.

Im Vaterunser geht es zunächst allein um Gott den Vater. _DEIN_ Name werde geheiligt, _DEIN_ Reich komme, _DEIN_ Wille geschehe. Ohne ihn geht nichts, hätten wir nichts, könnten wir nichts. Deshalb muss er der Mittelpunkt unseres Lebens werden, weil er das Leben selbst ist. Deshalb soll sein Name geheiligt werden, sein

Reich kommen und sein Wille geschehen. Dann werden wir das Paradies schon in uns tragen. Wir werden mehr und mehr unseren Wert kennen. Wir hören und sehen auf ihn. Wir wissen, dass wir nie allein sind. Aber alles geht nur, wenn wir es aus Liebe tun. Ohne Liebe geht gar nichts, da Gott selbst ja die Liebe ist.

Wer nicht liebt, der kennt Gott nicht; denn Gott ist die Liebe (1 Joh 4,8).

Ihr Lieben, lasst uns einander lieb haben; denn die Liebe ist von Gott, und wer liebt, der ist von Gott geboren und kennt Gott (1 Joh 4,7).

Und wir haben erkannt und geglaubt die Liebe, die Gott zu uns hat. Gott ist die Liebe; und wer in der Liebe bleibt, der bleibt in Gott und Gott in ihm (1 Joh 4,16).

Wie LIEBEvoll ist Gott, also voller Liebe. Nach der vollkommenen Liebe sehnt sich jeder Mensch, die ganze Welt. Gott hörte diesen Schrei nach Liebe und kennt die Herzen, die voller Sehnsucht nach Liebe sind. Die Verletzten, Einsamen, Gefangenen, Kranken … Du und ich, wir sehnen uns nach dieser Liebe. Wir sehnen uns nach dem Paradies, nach der Liebe des Vaters, nach Gott selbst. Er schickte nicht irgendeinen Boten, der uns Grüße aus dem Paradies sendet, sondern kommt in seinem Sohn selbst zu uns. Wie er einst nach Adam im Paradies rief, so ruft er heute nach dir. Wo bist du???

Er möchte dich jetzt in diesem Augenblick finden. Er möchte, dass du ihn noch heute mit „Vater" oder gar „Papa" ansprichst. Er möchte noch heute „dein" sein: dein Gott, dein Vater, dein Freund, dein Kapitän, dein Hirte, dein Arzt … dein Ein und Alles. Er möchte dich mit dem Paradies beschenken und deine Sehnsucht stillen. Wir dürfen den Ausdruck „wie im Himmel so auf Erden" auch auf uns persönlich beziehen. Denn wenn wir uns ändern, dann ändert sich auch die Welt um uns herum.

„Dein Wille geschehe wie im Himmel *so auch in meinem Leben.*"

„Dein Wille geschehe wie im Himmel *so auch in meiner Familie.*"

„Dein Wille geschehe wie im Himmel *so auch in meiner Gemeinde.*"

„Dein Wille geschehe wie im Himmel *so auch in meiner Stadt.*"

„Dein Wille geschehe wie im Himmel *so auch in meinem Land.*"

„Dein Wille geschehe wie im Himmel *so auch auf Erden.*"

Das wäre genial, wenn wir schon in dieser Welt immer mehr von seinem Willen sehen, hören, spüren und erleben würden. Dann würde die Welt mehr und mehr zum Paradies werden. Zunehmend würden unsere wahren Sehnsüchte gestillt werden.

„Unser tägliches Brot gib uns heute."

Gott weiß ganz genau, was wir brauchen. Ich denke, dass es hier um viel, viel mehr geht. Wenn mein Mitmensch um dieses Brot bittet, dann bin ich aufgefordert, mit diesem Menschen zu teilen, um Gottes Werkzeug und Bote zu sein, sodass sein Wort erfüllt wird.

Während meiner Lehrzeit hatte ich ein bewegendes Erlebnis. Es war in Heilbronn. Zwei Jugendliche bewarfen einen Obdachlosen mit leeren Bierdosen und lachten ihn aus. Ich vertrieb die Chaoten und setzte mich zu diesem armen Mann. Ich hatte nur wenig Geld dabei, wahrscheinlich weil ich damals ohnehin nicht viel hatte. Von einer nahegelegenen Imbissbude holte ich uns dann zwei Cola und eine Portion Pommes. Dann aßen wir zusammen und ich erzählte ihm von Gott. Da fing er zu weinen an und beichtete mir, dass er an diesem Morgen gebetet und zu Gott gesagt habe: „Wenn ich am Ende des Tages keinen Liebesbeweis von dir, Gott, bekommen habe, dann stürze ich mich von der Brücke und mache meinem Leben ein Ende." Es war kurz vor Mitternacht. Wir weinten nun zusammen und beteten das „Vaterunser". So nahm Gott die hässliche Tat der Chaoten, all das Kaputte, das Zerbrochene und machte etwas Neues daraus. Wir sind durch diesen

Satz aufgefordert zu teilen, Tischgemeinschaft zu haben, damit wir die Wunder des Teilens, der Nähe, des Redens und der Gemeinschaft erleben.

Damit wir dieses tägliche Brot bekommen, bedarf es noch vieles mehr. Gott kennt uns durch und durch. Nichts bleibt ihm verborgen. Um sein tägliches Brot zu bekommen, braucht man Geld, einen Arbeitsplatz, Kindergeld, Rente, Alimente usw. Das bedeutet, wir benötigen Menschen, die Verantwortung für sich und andere übernehmen, Politiker, die gerecht sind, Väter und Mütter, die sich voller Liebe um ihre Kinder kümmern, und Kollegen, die uns unterstützen und uns das Leben nicht zur Hölle machen. Durch die Unzufriedenheit der Menschen und ihrer verzweifelten Suche nach dem Paradies verletzen sie sich und andere. Mobbing führt dazu, dass unzählige Menschen ihren Beruf nicht mehr ausüben können. Hinter dem täglichen Brot steckt so viel mehr: Fleiß, Verantwortung, Teilen, Gerechtigkeit, Schweiß, Mut, Zusammenhalt, Geduld, Hilfe, Motivation, Bildung, Nächstenliebe …

Wenn diese Bitte ums tägliche Brot für alle wahrhaftig sein soll, dann liegt es an jedem Einzelnen von uns, sorgfältig mit den Gütern umzugehen, in Verantwortung vor Gott und Menschen.

Außerdem brauchen wir das wahre Brot, das Brot des Lebens.

Jesus aber sprach zu ihnen: Ich bin das Brot des Lebens. Wer zu mir kommt, den wird nicht hungern; und wer an mich glaubt, den wird nimmermehr dürsten (Joh 6,35).

Jesus ist das wahre Brot. Er nimmt uns an der Hand und führt uns ins Paradies, wo es keinen Hunger mehr gibt. Die Welt hungert so sehr nach Frieden, nach der Vergebung ihrer Schuld, nach Sinn, nach Heimat, nach dem Paradies – nach Christus selbst.

„Und vergib uns unsere Schuld, wie auch wir vergeben unsern Schuldigern."

Dies ist zugleich eine Bitte und ein Versprechen. Diese Bitte hat Jesus bereits erfüllt, als er qualvoll am Kreuz von Golgatha starb. Dort geschah Gottes großes Friedensangebot für die Menschheit. Johannes der Täufer sagte über Jesus: *„Seht, das Lamm Gottes, das die Sünde der Welt hinwegnimmt"* (Joh 1,29 EÜ). Unser Schuldschein wurde mit ans Kreuz genagelt, wir sind wahrhaft frei.

Er hat den Schuldbrief getilgt, der mit seinen Forderungen gegen uns war, und hat ihn weggetan und an das Kreuz geheftet (Kol 2,14).

Es liegt an uns, ob wir dieses einmalige Geschenk annehmen möchten. In diesen zwei Zeilen steckt die absolute Freiheit. Gott trägt alles, was uns zu schwer ist. Was für ein wunderbarer Gott! Ein Vater, der das trägt, was die Kinder hätten tragen müssen, ein Vater, der sich selbst gibt, um uns die Freiheit zu schenken. Wenn wir es ihm gleichtun und denen vergeben, die schuldig an uns geworden sind, dann werden wir frei von Bitterkeit, Hass und Wut. Wenn wir Gottes gutem Geist den Ehrenplatz in unserem Herzen geben, oder mehr noch, ihm unser ganzes Herz schenken, geschieht Neues. Wir kommen dann in eine Freiheit, die andere ansteckt und die Welt um uns herum verändert.

Der Herr ist der Geist; wo aber der Geist des Herrn ist, da ist Freiheit (2 Kor 3,17).

Jeder liebende Vater wünscht sich, dass seine Kinder frei sind. Frei von Krankheiten, Süchten, Bitterkeit, Hass, frei von Schuld. Gott hat uns zu seiner Ehre geschaffen, damit wir in Freiheit und in ewiger Beziehung mit ihm leben. Wer wahrhaft vergeben kann, ist frei. Mangelnde Vergebungsbereitschaft und Unversöhnlichkeit sind oft die Ursache von psychischen und körperlichen Krankheiten. Gott wünscht sich für uns ein heiliges Leben. Er will das Allerbeste für uns, weil er der Allerbeste ist. Auch wenn es viele noch nicht verstehen: Gott sehnt sich nach unserer Vollkommenheit. Das hat nichts mit krankhaftem Perfektionismus zu tun, sondern sobald wir ihm unser Leben anvertrauen, tritt er für unsere Schuld ein und macht uns frei. Gottes guter Geist wird uns ab diesem Zeitpunkt leiten und liebevoll führen. Er macht uns frei. Jesus sagt:

Wenn euch nun der Sohn frei macht, so seid ihr wirklich frei. (Joh 8,36).

Pure Freiheit und Vollkommenheit. Genau das war der Stand des Menschen im Paradies. Jesus will diesen paradiesischen Zustand wieder herstellen, er hat schon alles dafür getan. Er kam, um uns das zu geben, wonach wir uns tief im Inneren sehen: Vollkommenheit.

Darum sollt ihr vollkommen sein, wie euer Vater im Himmel vollkommen ist (Mt 5,48).

Das sage ich euch, damit meine Freude in euch bleibe und eure Freude vollkommen werde (Joh 15,11).

Den verkündigen wir und ermahnen alle Menschen und lehren alle Menschen in aller Weisheit, damit wir einen jeden Menschen in Christus vollkommen machen (Kol 1,28).

Über alles aber zieht an die Liebe, die da ist das Band der Vollkommenheit (Kol 3,14).

Gott hat unsere Bitte nach Vergebung unserer Schuld bereits erhört und selbst alles dafür getan. Jetzt liegt es an jedem einzelnen Menschen, wie er mit diesem Geschenk umgeht. Nimmt er es an, packt es aus und freut sich in Ewigkeit darüber oder wirft er es achtlos weg, ohne es wertzuschätzen? Und die, die ihn aufnehmen (die dieses Geschenk annehmen), denen gibt er Vollmacht, Kindes Gottes zu sein:

Aber allen, die ihn aufnahmen (die dieses Geschenk annahmen) und ihm Glauben schenkten,

verlieh er das Recht,
Kinder Gottes zu werden (Joh 1,12 GNB).

Ein größeres Geschenk wurde der Menschheit, jedem Einzelnen, dir und mir, niemals gemacht. Mehr geht nicht! Der Jackpot nur für dich!

Und führe uns nicht in Versuchung,
sondern erlöse uns von dem Bösen.

Die Welt ist schon verrückt, teilweise auch amüsant. Wäre es nicht so grausam, könnte man manchmal darüber lachen. Wie bereits erwähnt, klagen wir Menschen Gott für den Brot- und Wassermangel in der Welt an, werfen aber gleichzeitig weltweit Millionen Tonnen Brot und Lebensmittel weg und erforschen für Milliarden von Dollar, ob es auf anderen Planeten Wasser gibt. Zu guter Letzt klagen wir Gott an, warum er den Hunger und den Durst zulässt.

Der, der hinter allen Lügen steckt, die Menschen blendet und sich kaum zu erkennen gibt, reibt sich vor Lachen über unsere Dummheit den Bauch. Ich höre selten Menschen, die den Teufel dafür anklagen, was alles in der Welt schiefläuft. „Wie kann Gott so etwas zulassen?", „Wo war Gott?", „Wo ist Gott?" Immer wieder zerrt man Gott auf die Anklagebank und schwingt sich selbst zum Richter über den Allmächtigen auf.

Manchmal stelle ich mir das bildlich vor (Pastor Wilhelm Busch hat das mal ganz liebevoll geschildert). Stellen wir uns mal einen Gerichtssaal vor. Auf der Anklagebank sitzt der allmächtige Gott, der Schöpfer des Himmels und der Erde, der Urheber allen Lebens, aller Galaxien, des Mikrokosmos und des Makrokosmos, und auf dem Richterstuhl sitzt Herr Müller, Maier, Kunze oder Frau Schmidt oder du oder ich. Unwirklich? Ich glaube nicht. Es passiert nämlich täglich millionenfach in den Gedanken der Menschen. Auch ich gehörte schon häufig zu diesen Menschen, und selbst heute ertappe ich mich noch manchmal in meiner Schwachheit und meinem Mangel an Vertrauen und Gehorsam. Die Welt hat

Gott aus vielen Schulen, Firmen, Ehen und aus dem öffentlichem Leben hinausgeworfen. In Sachen Finanzen und Sexualität will man ihn schon gar nicht hören, doch wenn etwas schiefläuft, schleift man ihn auf die Anklagebank und beschuldigt ihn, an allem schuld zu sein.

Vor einiger Zeit begegnete mir ein Mann Mitte fünfzig. Seine Frau betrog ihn, sein Arbeitgeber grenzte ihn aus und seine erwachsenen Kinder mieden ihn. Er war ein gebrochener Mann, der sich nichts mehr als Liebe und Anerkennung wünschte und der seinem Schmerz freien Lauf ließ. Obwohl er schreckliche Dinge von sich gab und Gott sehr beleidigte, war dieser Mensch mir sympathisch. Er sagte, was er dachte. Auch wenn es nicht gerade nett war, so war er doch auf seine Art ehrlich. Er erinnerte mich an ein bockiges und vor Zorn strampelndes Kind. Wir hatten ein intensives Gespräch. Hinter allen Beleidigungen und allem Zorn war so viel Gutes in dem Kerl. Ich beschenkte ihn mit ein paar Büchern. Ich mochte den Mann, und das sagte ich ihm auch. Es berührte ihn und zum Abschied drückte ich ihn herzlichst. Ich zeigte ihm: So wie du bist nehme ich dich an. Dieser Mensch war einfach und direkt.

Wie oft begegnen mir so „Überfromme", die nicht wissen, wie sie sich ausdrücken sollen, aus Angst man könne es ihnen übel nehmen. Entscheidend ist doch, was tatsächlich im Herzen ist. Irgendwann kommt es sowieso heraus. Jesus hat dazu mal gesagt: „Die Wahrheit wird euch frei machen" (vgl. Joh 8,32). Vielleicht ist sie nicht immer angenehm. Zu Gott kann man aber so kommen, wie man ist: bockig, zornig, strampelnd … wichtig ist nur, dass man kommt, dass man den Weg vom Schweinetrog ins Vaterhaus findet.

Wir müssen die Anklagebank anders besetzen. Im Vaterunser heißt es: „Erlöse uns von dem Bösen." DEM? Die Bibel hat noch mehrere Namen für den Bösen; ich werde noch näher darauf eingehen. Der Versucher, der Durcheinanderbringer, ist sehr listig.

Sein genialster Schachzug ist es, den Menschen vorzugaukeln, es gäbe ihn gar nicht. So kann man ihn auch nicht beschuldigen und er ist fein raus und kann weiter sein Unwesen treiben. Ein weiterer Name für ihn ist „Luzifer", was „der Lichtbringer" bedeutet. Lichtbringer? Das hört sich toll an. Da kann nichts Schlimmes und Dunkles dabei sein, und doch ist er die Finsternis in Person. Dieser falsche Lichtbringer blendet die Welt dermaßen, und während er sie blendet, bringt er alles in uns und um uns herum durcheinander. Er kommt im Lichtgewand und meint es doch unendlich böse und grausam. Seine Lügen trafen unsere Ureltern Adam und Eva genau an der Stelle, wo sie schwach waren und versagten, zum Leidwesen aller Menschen und vor allem zum Schmerz des himmlischen Vaters. Die einst so heilige, innige Beziehung zwischen Gott und Mensch war dahin. Der Super-GAU war eingetreten: Der Mensch war getrennt von Gott. Jesus spricht:

Getrennt von mir, könnt ihr nichts tun (Joh 15,5).

„Nichts" – das ist eine Bankrotterklärung, Mangel pur. Viele, die diese Zeilen lesen, werden das mit Entschiedenheit von sich weisen und auf das pochen, was sie bereits alles geleistet haben und wie selbstständig sie doch seien. Viele können tatsächlich auch große Erfolge vorweisen, nach dem Motto: Mein Haus, mein Auto, mein Boot. Einige Menschen sagten mir schon, sie müssten Gott für gar nichts danken, da sie alles aus eigener Kraft getan und mit ihren eigenen Händen geschaffen hätten.

Wirklich? Und wer hat ihnen denn diese Hände gegeben? Wer gab ihnen all ihre Talente? Pilatus fragte Jesus kurz vor der Kreuzigung: „Weißt du nicht, dass ich die Macht habe, dich töten zu lassen oder frei zu lassen?" Da schaute ihn Jesus bestimmt sehr eindringlich an, während er sagte: „Du hättest keine Macht über mich, wenn sie dir nicht von oben herab gegeben wäre" (vgl. Joh 19,10-11). „Gegeben": Gaben, Talente sind also alles Geschenke, Geschenke, deren Absender die meisten nicht kennen oder bewusst ablehnen.

„Lehre uns bedenken, dass wir sterben müssen" (vgl. Ps 90,12). Wie stark ist das Fundament, das sich nur auf seine eigene Stärke und auf sein eigenes Wissen verlässt? Aus Sicht der Ewigkeit geradezu lächerlich. Früher oder später werden wir wieder eine Handvoll Staub oder Asche sein. Da will ich mich an den halten, der mir die Ewigkeit verspricht, dann bin ich so oder so auf der sicheren Seite. Genau das ist es, was der „Feind" Gottes verhindern möchte, der auch unser Feind ist. Er hasst alles, was Gott liebt. Wie kann man das Herz eines Vaters besonders treffen? Indem man seine Kinder verletzt und sie verleitet, falsche Wege zu gehen.

Satan wird alles tun und hat schon alles dafür getan, dass Menschen getrennt von ihrem himmlischen Vater leben. Erinnern wir uns an den verlorenen Sohn. Nichts war schlimmer für ihn, als getrennt von seinem Vater zu sein. Der Schweinetrog war die Konsequenz seiner Rebellion. Getrennt von Gott! Getrennt von Gott, ich wiederhole diese Feststellung bewusst, bedeutet: raus aus dem Paradies und hinein ins Chaos. Getrennt von Gott bedeutet Einsamkeit, Schutzlosigkeit, Hilflosigkeit, Verzweiflung, Tod, die Hölle. Wo man die Liebe, Gott selbst, ablehnt, da ist die Hölle. Dunkelheit an sich gibt es nicht, es ist die Abwesenheit von Licht.

Schau dir die Welt an: So viel Leid, Mord und Totschlag, Gier, zerbrochene Ehen und Kinder, die darunter unendlich leiden, Hungersnöte, Kriege, Korruption. Ich könnte noch sehr viel aufzählen, und dennoch blitzt das Paradies hier und da noch durch. Hier ein Regenbogen, da ein wunderschöner Wasserfall, die Fantasie der Liebe Gottes in den Tieren und Pflanzen, ein Kinderlachen, die Güte eines Menschen, die Fürsorge liebvoller Mütter und Väter, das Meer, die Berge … alles trägt die Handschrift des Vaters.

Lobe den HERRN, meine Seele!
HERR, mein Gott, du bist sehr herrlich;
du bist schön und prächtig geschmückt.
Licht ist dein Kleid, das du anhast.
Du breitest den Himmel aus wie einen Teppich;

du baust deine Gemächer über den Wassern.
Du fährst auf den Wolken wie auf einem Wagen
und kommst daher auf den Fittichen des Windes,
der du machst Winde zu deinen Boten
und Feuerflammen zu deinen Dienern;
der du das Erdreich gegründet hast auf festen Boden,
dass es bleibt immer und ewiglich.
Mit Fluten decktest du es wie mit einem Kleide,
und die Wasser standen über den Bergen.
Aber vor deinem Schelten flohen sie,
vor deinem Donner fuhren sie dahin.
Die Berge stiegen hoch empor,
und die Täler senkten sich herunter zu dem Ort,
den du ihnen gegründet hast.
Du hast eine Grenze gesetzt, darüber kommen sie nicht
und dürfen nicht wieder das Erdreich bedecken.

Du lässt Wasser in den Tälern quellen,
dass sie zwischen den Bergen dahinfließen,
dass alle Tiere des Feldes trinken
und das Wild seinen Durst lösche.
Darüber sitzen die Vögel des Himmels
und singen unter den Zweigen.
Du feuchtest die Berge von oben her,
du machst das Land voll Früchte, die du schaffst.
Du lässt Gras wachsen für das Vieh
und Saat zu Nutz den Menschen,
dass du Brot aus der Erde hervorbringst,
dass der Wein erfreue des Menschen Herz
und sein Antlitz schön werde vom Öl
und das Brot des Menschen Herz stärke.
Die Bäume des HERRN stehen voll Saft,
die Zedern des Libanon, die er gepflanzt hat.
Dort nisten die Vögel, und die Reiher wohnen in den Wipfeln.

Die hohen Berge geben dem Steinbock Zuflucht
und die Felsklüfte dem Klippdachs.

Du hast den Mond gemacht, das Jahr danach zu teilen;
die Sonne weiß ihren Niedergang.
Du machst Finsternis, dass es Nacht wird;
da regen sich alle wilden Tiere,
die jungen Löwen, die da brüllen nach Raub
und ihre Speise suchen von Gott.
Wenn aber die Sonne aufgeht,
heben sie sich davon und legen sich in ihre Höhlen.
So geht dann der Mensch aus an seine Arbeit
und an sein Werk bis an den Abend.

HERR, wie sind deine Werke so groß und viel!
Du hast sie alle weise geordnet,
und die Erde ist voll deiner Güter.
Da ist das Meer, das so groß und weit ist,
da wimmelt's ohne Zahl, große und kleine Tiere.
Dort ziehen Schiffe dahin; da sind große Fische,
die du gemacht hast, damit zu spielen.
Es warten alle auf dich,
dass du ihnen Speise gebest zur rechten Zeit.
Wenn du ihnen gibst, so sammeln sie;
wenn du deine Hand auftust, so werden sie mit Gutem gesättigt.
Verbirgst du dein Angesicht, so erschrecken sie;
nimmst du weg ihren Odem,
so vergehen sie und werden wieder Staub.
Du sendest aus deinen Odem, so werden sie geschaffen,
und du machst neu die Gestalt der Erde.

Die Herrlichkeit des HERRN bleibe ewiglich,
der HERR freue sich seiner Werke!
Er schaut die Erde an, so bebt sie;
er rührt die Berge an, so rauchen sie.

Ich will dem HERRN singen mein Leben lang
und meinen Gott loben, solange ich bin. (Ps 104,1-33)

Wie großartig und wunderbar. Bei einigen Dingen schimmert das Paradies noch durch. Welch unbeschreibliche Schönheit muss im Paradies herrschen!

Einst waren wir also getrennt von Gott, und was macht Gott? Was macht der liebevolle Vater? Er rennt uns nach! In seinem Sohn stellt er den Urzustand wieder her, Gemeinschaft mit ihm zu haben – sozusagen eine Familienzusammenführung! Dieser Gedanke kam mir gerade beim Schreiben. In Jesus kommt der Vater selbst zu uns und lädt uns ein, nach Hause zu kommen. Er kommt zum Schweinetrog und bittet dich und mich: Komm doch nach Hause, die Familie wartet auf dich. Zuhause, am Tisch des Vaters, ist der Platz am Tisch noch frei, der für dich bestimmt ist. Der Vater sehnt sich so sehr nach dir und mir.

Ach, könnte ich nur so schreiben, dass jede Faser deines Körpers und deiner Seele berührt wird und du wenigstens ein Stückchen erkennst, wie sehr sich der Himmel, die Familie, der Vater, nach dir sehnt. Vielleicht hast du nie erlebt, was es heißt, liebevoll umsorgt zu sein. Vielleicht hat deine Familie dich enttäuscht oder du hattest nie eine. Vielleicht verbindest du mit dem Wort „Vater" nichts Gutes oder wurdest von Christen enttäuscht und kannst deshalb nicht mehr richtig vertrauen. Dann höre tief in dein Herz hinein. Sieh dir deine wahren, innersten Sehnsüchte an. Lege doch all deinen Schmerz vor Jesus hin, schrei es hinaus, weine … Wenn dich einer versteht, dann Jesus. Er kennt sich mit Leid, Schmerz und Ablehnung am besten aus. Lass uns gemeinsam beten:

Vater im Himmel, bitte erlöse uns von dem Bösen,
von dem, der nicht möchte,
dass du und ich zusammenkommen.
Erlöse uns von dem,
der alles hasst, was du liebst.

Erlöse uns von dem,
der uns mit seinem falschen und krankmachenden Licht blendet,
auf dass wir klar sehen, wie gut und liebevoll du es meinst.
Papa, bitte erlöse uns von allem,
was das Böse in unserem Leben angerichtet hat
und es immer noch tut.
Erlöse uns von Einsamkeit, Schuld, Versagen, Minderwertigkeit,
Dunkelheit.
Erlöse uns von dem,
der deine Ordnung durcheinandergebracht hat.
Erlöse uns, Herr, von allem Bösen,
von allen Mauern, die uns noch von dir trennen.

Denn dein ist das Reich
und die Kraft und die Herrlichkeit
in Ewigkeit. Amen.

In dir, Gott, Vater, ist wahrer Reichtum, wahre Liebe,
weil du die Liebe in Person bist.
In dir ist wahres Leben,
weil du das Leben bist.
Du bist die Kraft des Lebens, deine Liebe beflügelt
und ist wahrer Motor für das Kleine und das Große.
Alles, was lebt und atmet, existiert durch deine Kraft.
Jeder Flügelschlag eines Schmetterlings
ist angetrieben durch dein „Ja".
Du sagst zu jedem einzelnen Lebewesen „Ja".

Ohne dich und deine Kraft geht nichts.
Nichts atmet ohne dich, ohne dein „Ja".
Herrlich ist es, dies zu wissen,
zu spüren, getragen zu sein in dunklen Stunden.
Herrlich und tröstend ist es, zu wissen,
dass ich nie allein bin.
Herrlichkeit ist dort, wo der Herr ist.
Wo du, Papa, bist, ist es schön.

Immer und ewig will ich mit dir zusammen sein.
Nie mehr allein.

So ist das Paradies:
dein Reich, weil du das bist,
die Kraft – weil alles aus dir und von dir ist.
Schönheit, nichts als wahre, unendliche Schönheit
… wie kein Dichter, Maler, Philosoph sie wiedergeben kann,
so bist du.
Papa, ich will, dass dies nie aufhört.
Ich will immer bei dir sein,
will mit dir leben, weil du das Leben bist.
Ich möchte für immer mit dir im Paradies sein.
Du bist mein Paradies – Amen.

So möchte ich es ganz neu und bewusst mit meinen Lippen und in
meinem Herzen sprechen, was du uns gelehrt hast:

Vater unser im Himmel!
Geheiligt werde dein Name.
Dein Reich komme.
Dein Wille geschehe,
wie im Himmel so auf Erden.
Unser tägliches Brot gib uns heute.
Und vergib uns unsere Schuld,
wie auch wir vergeben unsern Schuldigern.
Und führe uns nicht in Versuchung,
sondern erlöse uns von dem Bösen.
Denn dein ist das Reich
und die Kraft und die Herrlichkeit
in Ewigkeit. Amen.

Gedanken von anderen

Paradies ist für mich das Einssein mit meinem Schöpfer. Das ist das Ziel meines Lebens, danach sehne ich mich. Es sind aber die Sehnsüchte, die mich antreiben, nach dem zu fragen, das/der sie stillen kann. Wir alle sind auf der Suche. Jeden Tag neu. Nach Liebe, Anerkennung, Wertschätzung – nach jemandem, der mich wirklich kennt, von innen und von außen, mit allem, was ich bin. Der meine tiefsten Wunden und größten Narben sieht, und trotzdem – oder gerade deswegen – nicht zurückweicht. Die Sehnsucht ist eine positive innere Kraft, die zur Leidenschaft wird, wenn ich ihr folge. Ich suche nach dem ich mich sehne. Das Ziel dieser Suche ist das Paradies – der, der eigenhändig diese Sehnsüchte als treibende Kraft in mein Herz gelegt hat – das Ankommen bei Gott, der allein meinen Hunger nach Geborgenheit, bedingungsloser Liebe, Wärme, Herzlichkeit … stillen kann.

„Wie ein Hirsch lechzt nach frischem Wasser, so sehn ich mich, Herr, nach dir. Aus der Tiefe meines Herzens bete ich dich an, o Herr" (Ps 42,2).

Theresa Dietterich, Tübingen, 19 Jahre, Studentin Ev. Theologie

KAPITEL 5

Trennungsschmerz

Was geschieht, wenn etwas, was normalerweise zusammengehört, sich nicht mehr in seinem Urzustand befindet und nicht
mehr zusammen ist? Es gibt Menschen, die einfach zusammengehören. Männer zu ihren Frauen, Mütter und Väter zu ihren Kindern. Der Arzt zu den Kranken. Der Lehrer zu den Schülern. Der
eine findet seine Identität durch den anderen.

Meine Tante Elfriede und mein Onkel Heinz waren fast sechzig
Jahre verheiratet. Ich sah sie fast immer zusammen. Sie gehörten
einfach zueinander. Wie schrecklich war es, als mein geliebter Onkel starb und ich gemeinsam mit ihrer Tochter zu meiner Tante
ging, um ihr diese schreckliche Nachricht mitzuteilen. Nie werde
ich den Moment vergessen, als wir in ihrer wunderbaren kleinen
Küche standen und sie in meinen Armen schrie und weinte. Das
Unfassbare war eingetroffen: Elfriede ohne Heinz. Das war einer
der dunkelsten Momente meines Lebens. Mein Onkel war wie ein
Vater, Freund, Ratgeber und Tröster für mich. Nicht nur meine
Tante verlor ihren Mann, sondern ein Vater, Großvater und Onkel
ging. Während ich diese Zeilen schreibe, kommt der Trennungsschmerz wieder mehr denn je in mir hoch. Die letzten Tage vor
seinem Tod verbrachte mein Onkel mit Beten, und wie oft sagte er
mir noch: „Ich hab dich lieb, Michael, hörst du, ich hab dich lieb,
und pass bitte auf dich auf." Er spürte, er würde gehen; die Trennung stand kurz bevor. Das ist jetzt zwei Jahre her. Meine Tante

leidet noch sehr; jeden Tag vermisst sie ihren Heinz, ihren wunderbaren Mann, und ich mein „Onkele".

Trennungen erlebt man tagtäglich auf Flugplätzen, an Bahnhöfen, in Krankenhäusern, Gefängnissen, Altenheimen und auf Friedhöfen. Ich bin mir sicher, dass es all das im Himmel nicht mehr gibt. Keine Trennungen mehr. Alles kommt wieder zusammen, was zusammengehört. Mensch und Gott werden wieder in enger Beziehung sein, wie damals, vor langer Zeit, als die Welt wirklich noch in Ordnung war.

Mit den Worten „Es wächst zusammen, was zusammengehört" hatte Willy Brandt, der populäre Alt-Kanzler der 70er-Jahre den Mauerfall vom 9. November 1989 kommentiert. Wie wahr, aber das gilt nicht nur für West- und Ostdeutschland. Tante Elfriede wird eines Tages Onkele Heinz wieder sehen. Ich werde eines Tages meinen irdischen Papa wiedersehen, nach dem ich Sehnsucht habe. Er kam noch kurze Zeit vor seinem Tod zum echten Glauben an Gott. Gott selbst wird diese Sehnsucht stillen.

Ein Freund schrieb mir folgende Zeilen, nachdem sein Arzt ihm gesagt hatte, er habe nur noch ein paar Tage zu leben:

Wenn Gott mich nicht heilt und jemand damit nicht zurechtkommt, dann hat derjenige Jesus und sein Evangelium, sein Wesen und sein Wirken wahrscheinlich einfach noch nicht so richtig verstanden – so wie auch ich es noch nicht ganz verstanden habe.
Das ist keineswegs ein Drama – eher normal, weil unser aller Erkenntnis ja nur Stückwerk ist. Jeder darf sich einfach weiter danach ausstrecken, IHN zu erkennen, wie er in Wahrheit ist, und so in ihm zur Ruhe kommen.
Wenn Gott mich nicht heilt, bin ich bald bei Jesus – und warte dort auf dich!

Was für eine Gewissheit! Sicherheit! Was für eine unbeschreibliche Stärke! Wenn ich aus dem Haus gehe, hängt meine kleine Tochter oft an mir, nicht selten fließen dabei Tränen, und nicht nur von ihr. Jedes Mal tröste ich sie mit den Worten: „Ich komme bald wieder, und in Gedanken bin ich doch immer bei dir." Schauen wir mal in die Bibel, in das „Buch der Bücher" – das meist gelesene Buch der Menschheit, das begehrteste Buch aller Zeiten, das aber zu allen Zeiten auch Millionen von Menschen ein Dorn im Auge war und ist.

Denn das Wort vom Kreuz ist eine Torheit denen, die verloren werden; uns aber, die wir selig werden, ist's eine Gotteskraft (1 Kor 1,18).

So viele Unterweisungen, wunderbare Geschichten, Klagen, Schmerz, Trauer und Hoffnung finden sich in der Bibel. Dieses Buch birgt einfach alles. Es stillt unsere Sehnsüchte nach dem Paradies, ist die Gebrauchsanleitung für unser Leben und zeigt und beschreibt uns unsere Identität. Und was können wir ganz zum Schluss lesen?

Ich komme bald (Offb 22,20).

Das ist so schön, wunderbar und einzigartig. Er kennt unsere Sehnsüchte – in Wahrheit haben wir Sehnsucht nach ihm allein. Er verwendet dieselben Worte wie ich, wenn ich mich von meiner Tochter verabschiede, beziehungsweise ich verwende seine Worte. Im Apostolischen Glaubensbekenntnis beten wir Christen: „Er sitzt zur rechten Gottes, von dort wird er kommen …" und in der katholischen Messe hört man folgenden Vers: „Deinen Tod, oh Herr, verkünden wir, bis du kommst in Herrlichkeit."

„Ich komme bald!" Ich finde dieses Versprechen atemberaubend schön. „Ich" – da ist wieder dieses total Persönliche, nicht nur ein „höheres Wesen", sondern ein Gegenüber. Das ist fantastisch.

Befassen wir uns nun mal mit der Ursache aller Trennungen. Im Vaterunser steht: „Erlöse uns von dem Bösen." Er, der Böse, hat viele Namen: Teufel (lateinisch: *diabolus)* bedeutet „Verwirrer,

Faktenverdreher, Verleumder." Satan (hebräisch für Widersacher). Luzifer (lateinisch: *lux ferre*), was Lichtträger bedeutet.

Fassen wir ein paar Bezeichnungen zu seiner Person mal zusammen: Verwirrer, Faktenverdreher, Verleumder, Widersacher und Lichtträger.

Die Leute fragen mich oft: „Wenn Gott alles erschaffen hat, dann hat er ja auch das Böse erschaffen, oder nicht?" Ich bin ja nun kein Theologe, aber trotzdem erkenne ich in der Bibel, dass Gott nicht alles erschaffen hat. Ja, wirklich, auch wenn du jetzt erstaunst bist. Gott hat sich zum Beispiel nicht selbst erschaffen, er war schon immer da. In unserer Begrenztheit können wir uns das natürlich nicht vorstellen. Es ist wohl, als wollte man einer Ameise die große Welt des Internets erklären. Gott hat sich nicht selbst erschaffen! Gott hat auch nicht die Liebe erschaffen; sie war schon immer da, denn Gott ist die Liebe! So wie Dunkelheit die Abwesenheit von Licht ist, so ist das Böse die Abwesenheit von Liebe, also von Gott. Existiert die Hölle? Na klar. Ich persönlich stelle mir nicht vor, wie es da wohl ist. De facto ist es aber ein Ort, wo Gott nicht ist. So wie wir in unserer Welt immer wieder Hinweise auf das Paradies erhalten, sehen, hören, fühlen usw. durch faszinierende Landschaften, Lieder, Bilder, hingebungsvolle Menschen, Güte usw., erleben wir immer wieder auch Hinweise auf die Hölle. Bei Katastrophen, Tod, Krankheiten, Chaos, zerbrochenen Familien, Kriegen, Hungersnöten, auch in Schulklassen und Firmen, erlebt mancher schon ein Stück Hölle, und sicherlich auch im Drogenkonsum oder in neuen Weltanschauungen und Philosophien, bei denen Gott keinen Platz mehr hat.

Sehen wir uns nun mal den ersten großen Auftritt des Bösen in der Bibel an:

Aber die Schlange (Satan) war listiger als alle Tiere auf dem Felde, die Gott der HERR gemacht hatte, und sprach zu der Frau: Ja, sollte Gott gesagt haben: Ihr sollt nicht essen von allen Bäumen im Garten? Da sprach die Frau zu der Schlange: Wir essen von den Früchten der Bäume im Garten, aber von den Früchten des Baumes mitten im Garten hat Gott gesagt: Esset nicht davon, rühret sie auch nicht an, dass ihr nicht sterbet! Da sprach die Schlange zur Frau: Ihr werdet keineswegs des Todes sterben, sondern Gott weiß: an dem Tage, da ihr davon esst, werden eure Augen aufgetan, und ihr werdet sein wie Gott und wissen, was gut und böse ist (1 Mo 3,1-5).

Man könnte diese Zeilen Wort für Wort auseinanderpflücken und darüber philosophieren. Das möchte ich nicht, das haben schon viele getan. Ich möchte hier nur auf ein paar wesentliche Punkte eingehen, die für unsere Thematik passend und wichtig sind. Eva erzählt der Schlange von einem Gebot Gottes:

Wir essen von den Früchten der Bäume im Garten, aber von den Früchten des Baumes mitten im Garten hat Gott gesagt: Esset nicht davon, rühret sie auch nicht an, dass ihr nicht sterbet.

Gebote, die aus Liebe gegeben werden, haben gewaltige Schutzfunktionen. Ich war jahrelang im Bereich Sicherheit unterwegs und sicherte dabei Veranstaltungen ab und schützte Personen. Wie wichtig, ja lebensnotwendig war es dabei, Regeln einzuhalten. Stell dir mal den Straßenverkehr ohne Regeln vor. Menschen, die diese Regeln brechen, zerstören, verletzen und töten manchmal dabei. Aufgestellt wurden diese Regeln aus Verantwortung für das Leben. Adam und Eva glaubten jedoch dem Verwirrer, Faktenverdreher, Verleumder, Widersacher und Lichtbringer mehr als ihrem Papa. Sie wären sicherlich nicht auf ihn hereingefallen, wenn er seine Absichten klar formuliert hätte.

„Hallo, Adam und Eva, ich bin der Teufel und ich hasse Gott mit jeder Faser meines Seins und somit auch alles, was er geschaffen hat, ganz speziell euch. Ich will eure Beziehung zu Gott zerstören, bringe euch das Chaos, die Trennung von Gott und damit auch den Tod. Ist das für euch okay? Wenn ja, dann seid doch bitte so lieb und brecht das Gebot Gottes und esst von dieser Frucht des Baumes. Gleich danach werdet ihr euch eurer Nacktheit schämen und das Paradies verlieren. Ihr und alle eure Nachkommen werden zerbrechen vor Schmerz. Eure Sehnsucht nach Gott wird euch zerreißen."

Welcher Betrüger gibt sich schon klar zu erkennen? Jesus spricht über Satan als den „Vater der Lüge".

Ihr habt den Teufel zum Vater, und nach eures Vaters Gelüste wollt ihr tun. Der ist ein Mörder von Anfang an und steht nicht in der Wahrheit; denn die Wahrheit ist nicht in ihm. Wenn er Lügen redet, so spricht er aus dem Eigenen; denn er ist ein Lügner und der Vater der Lüge (Joh 8,44).

Welcher Anlagebetrüger sagt seinem Opfer, dass er ihn um sein Hab und Gut bringen möchte? Welcher Ladendieb geht vorher zur Kundeninformation und teilt sein Vorhaben mit? Der Feind gibt sich nicht als Feind zu erkennen, er kommt in einem anderen Licht. Also zuerst sehen wir einen „Lichtbringer". Wir werden verwirrt, die Fakten werden verdreht und alles wird durcheinandergebracht. Hinzu kommt das grandiose Versprechen:

Ihr werdet sein wie Gott.

Gottes Kinder zu sein hat uns nicht gereicht. Der Psalmist schreibt über den Menschen:

Du hast ihn wenig niedriger gemacht denn Gott, und mit Ehre und Schmuck hast du ihn gekrönt (Psalm 8,5).

Nur wenig niedriger als Gott. Mit Ehre und Schmuck sind wir gekrönt! Das hat damals nicht gereicht und reicht heute erst recht nicht. Auch heute gibt es ein *riesiges* Angebot von „Du wirst sein wie Gott". Da kann ich nur auf das Wort Gottes verweisen:

Ihr Lieben, glaubt nicht einem jeden Geist, sondern prüft die Geister, ob sie von Gott sind; denn es sind viele falsche Propheten ausgegangen in die Welt. Daran sollt ihr den Geist Gottes erkennen: Ein jeder Geist, der bekennt, dass Jesus Christus in das

Fleisch gekommen ist, der ist von Gott; und ein jeder Geist, der Je-
sus nicht bekennt, der ist nicht von Gott. Und das ist der Geist des
Antichrists, von dem ihr gehört habt, dass er kommen werde, und
er ist jetzt schon in der Welt. Kinder, ihr seid von Gott und habt jene
überwunden; denn der in euch ist, ist größer als der, der in der Welt
ist. Sie sind von der Welt; darum reden sie, wie die Welt redet, und
die Welt hört sie. Wir sind von Gott, und wer Gott erkennt, der hört
uns; wer nicht von Gott ist, der hört uns nicht. Daran erkennen wir
den Geist der Wahrheit und den Geist des Irrtums (1 Joh 4).

Bei allem, was du tust, frag dich doch mal: Wie sieht Gott das? Was
sagt deine Sehnsucht? Denke daran, dass wir alle mal sterben und
uns vor ihm zu verantworten haben. Die Zehn Gebote beginnen
mit „Ich bin der Herr, dein Gott" und „Du sollst keine anderen Göt-
ter haben". Du sollst also weder dich selbst zum Gott machen
noch irgendwelche Götzen oder andere Dinge. Vergiss bitte auch
nicht, dass der Feind, der Durcheinanderbringer, dir schmeicheln
will. Er begegnet dir und mir an unseren wunden und schwachen
Punkten. Er wird dir so manches vorgaukeln und kommt sehr
schlau daher mit tollen Argumenten. Der Kinderschänder wird
dem Kind Schokolade versprechen und es so lange locken, bis es
in seine Falle tappt. Pass gut auf, der Fallensteller ist unterwegs;
ich selbst bin auch schon in manche hineingetappt.

Bitte prüfe die „Geister"! Überall, wo sie Gutes für deinen Geist
versprechen, schau es bitte sehr genau an. Alles, was uns von Gott
trennt, ist schrecklich. Am Sterbebett eines Menschen hörte ich
diesen immer und immer wieder folgenden Satz beten: „Mein
Herr und mein Gott, nimm alles von mir, was mich hindert zu dir.
Mein Herr und mein Gott, gib alles mir, was mich fördert zu dir."[1]

Vieles in dieser Welt hindert uns, die Nähe Gottes anzunehmen.
Ich war schon in so vielen Kirchen und Gemeinden zu Gast und
immer wieder bekam ich Streitigkeiten mit. Ach, es gibt so viele

---

[1] Gebet von Bruder Klaus (www.bruderklaus.com).

Unterschiede, und doch gibt es einen gemeinsamen Nenner – Jesus Christus. In ihm kommt Gott uns so nah. „Gib alles, was mich fördert zu dir." Das bedeutet: Du und ich, wir brauchen Jesus, die Rettung, die Nähe Gottes.

Vorsicht, liebe Freunde, auch hier muss ich erwähnen, dass es jemand gibt, der uns durcheinanderbringen will. Er will nicht, dass wir Gott nahe kommen bzw. Gott uns. Um sein Ziel zu erreichen, wird er verleumden, betrügen, Fallen stellen … Wir alle brauchen Jesus Christus, seine Liebe, seine unendliche Liebe, Gnade und Barmherzigkeit. Keiner von uns kann sich mit irgendwelchen Taten selber erlösen. Wir brauchen alle den einen Erlöser, der mit seinem Opfertod am Kreuz jeden einzelnen Menschen erlöst hat. Jesus Christus hat die Lösung für alle Sorgen, Nöte, Qualen, Leiden, Schuld, für alles Versagen, alle Wunden, Trennungen, Sehnsüchte … Er ist der ERLÖSER.

Denn auch der Menschensohn ist nicht gekommen, dass er sich dienen lasse, sondern dass er diene und sein Leben gebe als Lösegeld für viele (Mk 10,45).

Aber ich weiß, dass mein Erlöser lebt (Hiob 19,25).

Denn der dich gemacht hat, ist dein Mann – HERR Zebaoth heißt sein Name –, und dein Erlöser ist der Heilige Israels, der aller Welt Gott genannt wird (Jes 54,5).

Ich habe mein Angesicht im Augenblick des Zorns ein wenig vor dir verborgen, aber mit ewiger Gnade will ich mich deiner erbarmen, spricht der HERR, dein Erlöser (Jes 54,8).

Seid bitte vorsichtig, wenn man euch hier und da Erlösung verspricht oder Gott gleich zu sein. Das hatte man uns schon vor langer Zeit versprochen und es hat uns das Paradies gekostet. Wenn wir diesen süßen, aber doch leeren Verlockungen auf den Leim gehen, wird es unsere Rückkehr ins Paradies verhindern. So, wie der Teufel alles dafür getan hat, dass wir es verlassen mussten, so wird er alles tun, dass wir niemals mehr hineinkommen. Seine Mittel sind heute dieselben wie damals. Darum bringe ich es auf den Punkt: Finger weg von Horoskopen! Liebt den, der die Sterne gemacht hat. Geht nicht zu Wahrsagern oder Beschwörern. Ihr braucht auch kein Feng Shui oder dergleichen. Als mein Vater Gott in sein Leben aufnahm und ich ihn ein letztes Mal in seiner kleinen chaotischen Bude besuchte, da war die Wohnung nicht nach bestimmten Normen oder Farben eingerichtet, aber Gott war da. Das gab der Bude einen unvorstellbaren Glanz. Ich war in Gefängnissen, Heimen, Frauenhäusern, bei Obdachlosen usw. Dort gab es kein Feng Shui oder dergleichen, aber wie oft durfte ich die Anwesenheit Gottes spüren. Diese Räume waren erfüllt vom Glanz seiner Herrlichkeit.

Ich durfte einmal vor 25 Alkoholikern sprechen, die zwischen 18 und 75 Jahre alt waren. Sie alle hatten „Vaterwunden", eine unvorstellbare Sehnsucht nach dem Paradies. Sie hatten Sehnsucht nach Heilung ihrer Wunden, Sehnsucht nach Vergebung und nach einem Zuhause, wo man geliebt ist. Dort herrschte eine kaum beschreibbare Atmosphäre: Es stank fürchterlich nach Schweiß, Alkohol und Sonstigem und der kleine Raum war so trostlos und leer. Doch als wir beteten und viele weinten, da spürten wir alle die Nähe Gottes. Es war einer der bewegendsten Momente aller meiner Vorträge. In diesem Raum gab es keine besonderen Farben, keine definierte Ordnung von Bildern und Mobiliar, aber als wir die Nähe Gottes spürten, erhellte dessen Nähe nicht nur den Raum, sondern auch unsere Herzen.

Als einer, der Jesus lieb hat, ist es mir wichtig, nicht alles aufzuzählen, wogegen ich bin, sondern in erster Linie das, wofür ich bin. Ich liebe Jesus und bin automatisch gegen den, der diese Beziehung verhindern will, der sie zerstören möchte, der Gottes Ordnung durcheinanderbringen möchte, der alles hasst, was Gott liebt. Bitte haltet euch von allen Dingen fern, die diese Ordnung zerstören wollen, die eure wahren Sehnsüchte nicht stillen können. Haltet euch fern von dem Feind Gottes.

Eines seiner wichtigsten Ziele ist es, alles an wertvollen Beziehungen zu zerstören: Familien, Freundschaften und vor allem die Beziehung zu Gott dem Vater. Die Menschen sollen unter keinen Umständen Gott als Vater erkennen. Das gelingt ihm wirklich grandios. Allein in Amerika wachsen derzeit 25 Millionen Kinder ohne Vater auf. Wie soll die Welt den himmlischen Vater erkennen, wenn der irdische schon nicht mehr da ist. Der Feind Gottes, und somit auch deiner und meiner, wünscht sich einsame und isolierte Menschen. Gott dagegen gab uns zwei wunderbare und oberste Gebote, in denen alle anderen enthalten sind:

Du sollst den Herrn, deinen Gott, lieben mit deinem ganzen Herzen und mit deiner ganzen Seele und mit deinem ganzen Gemüte und mit aller deiner Kraft! (Mk 12,30).

Du sollst deinen Nächsten lieben wie dich selbst (Mt 22,39).

Da diese Gebote Gott so wichtig sind, tut der Verwirrer und Durcheinanderbringer alles dafür, um diese beiden Gebote ganz besonders unter Beschuss zu nehmen. Wie viele Menschen sind dir begegnet, die Gott von ganzem Herzen lieben? Von ganzer Seele? Von ganzem Gemüte und mit aller Kraft? Gehörst du selber zu diesen Menschen? Stattdessen höre ich die Leute oft sagen:

- Es ist egal, an was man glaubt, ist eh alles dasselbe.
- Ich glaube an ein höheres Wesen.
- Ich glaube nicht an Gott, denn die Kirche hat soviel Schlechtes getan.
- Ich glaube an mich selbst.
- Ich glaube an eine höhere Macht.
- Irgendetwas muss es schon geben.
- Ich habe meine eigene Religion.

Ich könnte diese Liste noch endlos fortsetzen. Klingt nicht nach dieser unfassbaren Liebe. Stell dir mal vor, deine Frau oder dein Mann oder deine Kinder fragen dich: „Liebst du mich von ganzem Herzen?" Und du würdest sagen: „Das ist nicht so wichtig." Oder: „Ich liebe andere viel mehr." Oder: „Egal, irgendjemanden muss man ja lieben."

Was ist mit dem anderen so wichtigen Gebot? Wir sollen unseren Nächsten lieben wie uns selbst? Noch nie nahmen sich mehr Menschen das Leben wie heutzutage. Noch nie gab es in unserem Land eine so hohe Zahl von psychisch kranken Menschen.

Die Kinder- und Jugendpsychiatrien sind überfüllt. Obskure Lebensberater vermelden Hochkonjunktur. Die Esoterik boomt. Die Welt rennt nach allem, was ein bisschen nach Paradies riecht, nach Glück, nach Kraft ... Die Menschen müssen dafür bezahlen, dass Menschen ihnen zuhören und für sie da sind – wie traurig.

Die Menschen haben schon oft von Gott nichts wissen wollen und woanders das Heil gesucht, aber keiner der selbsternannten Heilsbringer wird ihnen das Heil bringen.

> *Und ist in keinem andern Heil, ist auch kein andrer Name unter dem Himmel den Menschen gegeben, darin wir sollen selig werden* (Apg 4,12).

Auch im Dritten Reich riefen Millionen von Menschen einem anderen „Heil" zu. Haben sie Heil gefunden? So viele versprechen das Heil. Nur seltsam, dass man dem nicht glaubt, der die Wahrheit sprach und der sie lebte, weil er die Wahrheit in Person ist. Sonderbar, dass man auch in der Esoterik von Engeln und sogar von Jesus spricht, aber sich mit dessen Wort und Leben nicht auseinandersetzt. Da ist wohl etwas durcheinandergebracht worden. Ja, da hat einer etwas durcheinandergebracht und Verwirrung gestiftet. Ein seltsamer Engelswahn hat sich in unserer Gesellschaft breit gemacht. Viele mögen jetzt entrüstet aufschreien, aber ich hatte in meinem Leben schon mit hunderttausenden Menschen zu tun. Jeden Monat bekomme ich über 1000 E-Mails und führe viele persönliche Gespräche. Da bekommt man so einiges mit.

Die Wahrheit ist nicht immer so angenehm. Ich hatte mal Kontakt mit einer Reiki-Meisterin. Sie und ihre Familie waren in fürchterlichen Abgründen verstrickt. Hier ein bisschen Jesus, da Energie und da ein wenig Universum. Sie selbst war in tiefster Depression, voller Schuld und kaum definierbarer Lebensängste. Sie selbst war total fertig mit der Welt, und doch versprach sie jenen, die zu ihr kamen, Hoffnung und Heil. Sie kannte Gott nicht, das Evangelium von Jesus Christus war ihr fremd. Natürlich haben wir auch Sehnsucht nach Engeln, das verstehe ich. Gott sagt aber, dass wir *ihn* von ganzem Herzen lieben sollen, dass er an erster Stelle stehen soll. Jesus sagte von sich: „Ich bin der Weg." Von den Dingen, bei denen Gott nicht an erster Stelle steht und Jesus nicht der Weg ist, sollten wir sofort die Finger lassen.

Engel sind die Boten Gottes. Gott ist ihr Auftraggeber. Angenommen, der Postbote überbringt dir einen Liebesbrief von deinem Schatz. Wirst du nun den Postboten mehr ehren und lieben als den Schreiber des Briefes?

Als Jesus vom Teufel in der Wüste versucht wurde und Jesus den Attacken widerstand, da kamen Engel und dienten ihm.

Da wurde Jesus vom Geist in die Wüste geführt, damit er von dem Teufel versucht würde. Und da er vierzig Tage und vierzig Nächte gefastet hatte, hungerte ihn. Und der Versucher trat zu ihm und sprach: Bist du Gottes Sohn, so sprich, dass diese Steine Brot werden. Er aber antwortete und sprach: Es steht geschrieben: „Der Mensch lebt nicht vom Brot allein, sondern von einem jeden Wort, das aus dem Mund Gottes geht."

Da führte ihn der Teufel mit sich in die heilige Stadt und stellte ihn auf die Zinne des Tempels und sprach zu ihm: Bist du Gottes Sohn, so wirf dich hinab; denn es steht geschrieben: „Er wird seinen Engeln deinetwegen Befehl geben; und sie werden dich auf den

Händen tragen, damit du deinen Fuß nicht an einen Stein stößt."
Da sprach Jesus zu ihm: Wiederum steht auch geschrieben: „Du
sollst den Herrn, deinen Gott, nicht versuchen."

Darauf führte ihn der Teufel mit sich auf einen sehr hohen Berg
und zeigte ihm alle Reiche der Welt und ihre Herrlichkeit und
sprach zu ihm: Das alles will ich dir geben, wenn du niederfällst
und mich anbetest. Da sprach Jesus zu ihm: Weg mit dir, Satan!
Denn es steht geschrieben: „Du sollst anbeten den Herrn, deinen
Gott, und ihm allein dienen." Da verließ ihn der Teufel. Und siehe,
da traten Engel zu ihm und dienten ihm (Mt 4,1-11).

Siehst du, ganz am Schluss steht es: Da traten die Engel zu ihm
(Jesus) und dienten ihm. So sollten wir es auch tun: IHM dienen.
Wir sollen nicht Engel anbeten, sondern den, den auch die Engel
anbeten. In dem zitierten Bibeltext sehen wir die ganze Raffiniert-
heit und Taktik des Teufels.

Der Teufel verspricht sogar, uns alle Reiche dieser Welt zu geben.
Wortwörtlich verspricht er Jesus sogar alles. Was aber ist alles? Al-
les, was man kaufen und besitzen kann. Heute wären das wohl
Autos, Schmuck, Grundstücke, Sex … aber ist das wirklich alles?
Die Menschen, die ich in ihren letzten Tagen und Stunden beglei-
ten durfte, sehnten sich nach Liebe und Versöhnung. Gott ist alles.
Wäre Christus auf den Deal mit Satan eingegangen, hätte er in
Wahrheit alles verloren.

So ist es auch heute in der Welt. Wer alles haben will, der braucht
Gott. Die Gewissheit, wo ich herkomme, was der Sinn meines Lebens ist, wohin ich gehe, wenn ich sterbe. Sich getragen zu wissen
und sich geborgen zu fühlen, das ist alles. „Liebe ist alles", heißt es
in einem Lied. Gott ist die Liebe. Wer ihn hat, der hat wirklich alles.
Der Teufel verspricht viel und kommt im Glanz eines trügerischen
Lichtes. Am Anfang hat man vielleicht sogar kleine Erfolgserleb-
nisse, eine gewisse Bestätigung, mehr aber auch nicht.

Ich hatte schon mit vielen Drogensüchtigen zu tun. Oft versprach man ihnen ein kleines Paradies. Ein junger Mann behauptete vor Kurzem, die Drogen nähmen ihm ein Stück von seinem Druck bzw. seiner Last weg. In Wahrheit werden seine Lasten jedoch noch mehr. Am Anfang steht ein leeres Versprechen und am Ende steht die Einsamkeit – eben das verlorene Paradies. Was bleibt dann? Eine schrecklich große, unerfüllte Sehnsucht. Wenn ich in die Augen von Suchtkranken sehe, dann erkenne ich diese große Sehnsucht. Damals wie heute verspricht der Teufel alles. Er macht seine Versprechungen nicht aus Liebe, sondern aus einem unendlichen Hass heraus. Gott gibt uns seine Zusagen jedoch aus Liebe. Was er tut, ist Liebe. Er selbst ist die Liebe.

Denn also hat Gott die Welt geliebt, dass er seinen eingeborenen Sohn gab, damit alle, die an ihn glauben, nicht verloren werden, sondern das ewige Leben haben (Joh 3,16).

So sehr liebt Gott uns, dich und mich. Er möchte dein Ein und Alles sein. Die Zehn Gebote beginnen, indem Gott sich vorstellt: „Ich bin der Herr, dein Gott." Immer wieder bin ich allein von diesem einen Satz begeistert. „Ich bin dein" ist darin enthalten. Eine Geste der Liebe. Ich kann euch nur bitten: Prüft in allem, ob Gottes wahre Liebe darin enthalten ist oder ob der Verwirrer am Werk ist. Gottes Gebote sind uns aus Liebe gegeben. So, wie ich meiner kleinen Tochter Gebote aus Liebe gebe. „Finger weg von der heißen Herdplatte", „Schau nach rechts und links, wenn du über die Straße gehst", „Geh mit keinem Fremden mit." Damit will ich ihr Leben nicht einengen, sondern sie schützen und ehren, weil ich sie liebe.

Glücksbringer, Wahrsager, Esoteriker, Engelsfanatiker … sie alle versprechen viel. Von den meisten weiß ich, dass sie es gut meinen und es nur nicht besser wissen. Schauen wir also, was unser himmlischer Papa dazu sagt, auch wenn das einigen nicht passt. Doch letztendlich weiß nur er, was wirklich gut für uns ist, denn er kennt uns ganz genau. Wir können daher Gott auch nicht mit irgendetwas enttäuschen, denn das hieße ja, er hätte sich vorher in uns getäuscht. Aber Gott täuscht sich nicht. Er kennt uns ganz genau. Jetzt wollen wir mal sehen, was der Gott des Lebens uns zu diesen Dingen sagt – der Gott, der das Leben selbst ist und weiß, was Körper, Geist und Seele wirklich benötigen.

Ihr sollt nicht Wahrsagerei noch Zauberei treiben (3 Mo 19,26).

… dass nicht jemand unter dir gefunden werde, der seinen Sohn oder seine Tochter durchs Feuer gehen lässt oder Wahrsagerei, Hellseherei, geheime Künste oder Zauberei treibt (5 Mo 18,10).

Denn die Götzen reden Lüge, und die Wahrsager schauen Trug und erzählen nichtige Träume, und ihr Trösten ist nichts. Darum geht das Volk in die Irre wie eine Herde und ist verschmachtet, weil kein Hirte da ist (Sach 10,2).

Wenn sie aber zu euch sagen: Ihr müsst die Totengeister und Beschwörer befragen, die da flüstern und murmeln, so sprecht: Soll nicht ein Volk seinen Gott befragen? (Jes 8,19).

So sage ich dir und der ganzen Welt: Haltet euch an Gott. Am Ende ihres Lebens schreien die Menschen fast immer zu Gott. Hier die Zitate einiger bekannten Persönlichkeiten, die zu Lebzeiten Gott abgelehnt oder sogar verspottet haben.

David Hume (Atheist)	*„Ich bin in den Flammen!"* Seine Verzweiflung war schrecklich.
Heinrich VIII.	*„So, nun ist alles dahin – Reich, Leib und Seele!"*
Voltaire	Der berühmte Spötter Voltaire hatte ein schreckliches Ende. Seine Krankenschwester sagte: *„Für alles Geld der Welt möchte ich keinen Ungläubigen mehr sterben sehen! Er schrie die ganze Nacht um Vergebung!"*
Napoleon	Graf Montholon schrieb von Napoleon: *„Der Kaiser stirbt, von allen verlassen, auf diesem schrecklichen Felsen. Sein Todeskampf ist furchtbar!"*

Sinowjew (Präsident der Kommunistischen Internationale):	Sinowjew rief unmittelbar vor seiner Erschießung durch Stalin: *„Höre, Israel, der Herr, unser Gott, ist der einzige Gott."*
Sir Thomas Scott (Präsident des engl. Oberhauses):	*„Bis zu diesem Augenblick dachte ich, es gäbe weder Gott noch Hölle. Jetzt weiß und fühle ich, dass es beides gibt, und ich bin dem Verderben ausgeliefert durch das gerechte Urteil des Allmächtigen!"*
Jaroslawski (Präsident der Internationalen Gottlosenbewegung	*„Bitte verbrennt alle meine Bücher. Seht den Heiligen! Er wartet schon lange auf mich; er ist hier."*

Welch unbeschreibliche Sehnsucht hinter diesen Zeilen und welche Erkenntnis. Immer und immer wieder werfe ich diesen Satz hinein: „Lehre uns zu bedenken, dass wir sterben müssen."

Viele dieser Persönlichkeiten hatten Macht und hohes Ansehen und waren sehr reich. Auch sie dachten, sie hätten ALLES, und hatten am Ende doch nichts. Ich wage über keinen Menschen zu sagen, wohin er nach dem Tod kommt. Gottes Gnade und Barmherzigkeit kann ich nicht mal erahnen. Fakt ist aber, dass die Hölle der Ort ist, wo man Gott nicht haben will. Fakt ist auch, dass Jesus uns immer wieder vor der Hölle warnt. Nicht, um uns Angst zu machen, sondern damit wir seine helfende Hand ergreifen. „Evangelium" bedeutet „gute Nachricht" und nicht „angstmachende Nachricht". Die gute Nachricht ist, dass Gott selbst uns durch sein Leben, Leiden, Sterben und durch seine Auferstehung von Tod und Hölle teuer losgekauft hat. Wer dieses Geschenk annimmt, ist frei. Das Evangelium ist die gute Botschaft der Freiheit. Jesu erste Rede in seiner Heimatstadt war folgende:

Der Geist des Herrn ist auf mir, weil er mich gesalbt hat, zu verkündigen das Evangelium den Armen; er hat mich gesandt, zu predigen den Gefangenen, dass sie frei sein sollen, und den Blinden, dass sie sehen sollen, und den Zerschlagenen, dass sie frei sein sollen (Lk 4,18).

Das hat mit Angstmache nichts zu tun. Es geht um Heilung und Befreiung, um Gemeinschaft, Beziehungen, wahren Reichtum … es geht um die Rückkehr ins Paradies, um die Stillung unserer wahren Sehnsüchte. Es geht um ALLES, aber nicht um das ALLES, was der Teufel aus Hass verspricht, sondern um die Liebe und Nähe Gottes.

Dennoch bleibe ich stets an dir; denn du hältst mich bei meiner rechten Hand, du leitest mich nach deinem Rat und nimmst mich am Ende mit Ehren an. Wenn ich nur dich habe, so frage ich nichts nach Himmel und Erde.
Wenn mir gleich Leib und Seele verschmachtet, so bist du doch, Gott, allezeit meines Herzens Trost und mein Teil (Psalm 73,23-26).

In einer schweren Lebensphase wurde mir dieser Psalm sehr vertraut. Hier klagt einer, der das Elend der Welt sieht, es nicht versteht und am Ende sich auf das besinnt, was wirklich zählt. Genau genommen betet der Psalmist folgendes „Gott, du bist alles für mich, ich brauche nur dich."

„Trennungsschmerz" heißt dieses Kapitel. Es ist schrecklich, wenn man von dem getrennt ist, den man liebt: dem himmlischen Papa, dem geliebten Ehepartner, dem Kind, dem Freund.

„Getrennt von mir könnt ihr nichts tun", so sagte Jesus einmal (vgl. Joh 15,5 ELB). Der Umkehrschluss ist: Mit ihm können wir alles. Was aber trennt uns von ihm? Minderwertigkeit, Drogen, Alkohol, Ehebruch, Straftaten, Lügen, Hass, Unversöhnlichkeit, mangelnde Vergebungsbereitschaft usw.

Allein in den letzten Jahren stieg die Zahl Alkoholkranker um über ein Drittel. So viel Leid, weswegen Menschen zur Flasche greifen, und noch viel mehr Leid, das wiederum dadurch entsteht. Millionen von Menschen, insbesondere Kinder und Jugendliche, verbringen unzählige Stunden vor TV-Geräten, Handys, Playstations,

PC-Spielen, Wii. Einsam sitzen sie vor ihren Kisten. Diese Kisten können nicht lachen, nicht weinen, man kann nicht mit ihnen rumtoben, raufen … sie sind nur kalt und leer. Je mehr Zeit der Mensch dort verbringt, desto kälter und leerer wird er werden.

Wir Menschen sind Beziehungswesen. Von der ersten Sekunde an sind wir auf andere angewiesen. Das steht schon ganz am Anfang in der Bibel: *„Es ist nicht gut, dass der Mensch allein sei"* (1 Mo 2,18). Es gibt sehr viele einsame Menschen und es werden immer mehr. Sie gehen kaum noch aus, können sich immer weniger in die Augen schauen, Konflikte immer seltener friedlich lösen. Hinzu kommt, dass man in dieser Einsamkeit, in dieser schrecklichen Isolation kaum noch Gottes schöne Schöpfung wahrnimmt.

Als kleiner Junge tobte ich durch die Wälder, erklomm die höchsten Felsen und Bäume. Ich lernte mit Gefahr und Schwierigkeiten umzugehen. Ich fiel oft herunter und lernte dabei zu fallen und zugleich auch, mit Schmerzen umzugehen. Wir Kinder rauften, schlugen und traten uns dabei aber nie. Es gab keine Gewaltexzesse, wie man sie heute sieht, zumindest nicht bei uns. Wir waren Sommer wie Winter stundenlang draußen. Wie dankbar bin ich dafür! Heute fehlt das unseren Kindern doch zum Großteil. Die Sehnsucht danach steckt aber in Ihnen. Kein PC-Spiel, kein TV-Programm kann diese Sehnsucht stillen. Oft sind unsere Kinder nicht nur von den Eltern getrennt, sondern auch von dem, was ihre Sehnsüchte stillt: Freundschaft, Sport und Natur.

Gott sehnt sich nach uns und nach unserer völligen Heilung. Er möchte wieder mit uns in Beziehung leben und unser Ein und Alles sein. Es gibt einfach Menschen und Dinge, die zusammengehören. Ohne ihren Partner könnte man sich folgende Menschen gar nicht vorstellen:

- Dick & Doof (Was wäre Dick ohne Doof und umgekehrt?)
- Bonny & Clyde
- Pat & Patachon

- Tom & Jerry
- Hänsel & Gretel
- Cap & Capper
- Chip & Chap
- Cindy & Bert
- Die Schöne & das Biest
- Don Camillo & Peppone
- Donald & Daisy Duck
- Ernie & Bert
- Fix & Foxi
- Max & Moritz
- Pünktchen & Anton
- Robin Hood & Marianne
- Romeo & Julia
- Smith & Wesson

Und für mich persönlich: Tante Elfriede und Onkel Heinz.

Genauso bin ich selbst ohne Gott nicht vollständig. Keiner von uns lebt sich selber, keiner stirbt sich selber.

> *Leben wir, so leben wir dem Herrn; sterben wir, so sterben wir dem Herrn. Darum: wir leben oder sterben, so sind wir des Herrn* (Röm 14,8).

Unsere Sehnsucht schreit jeden Augenblick danach, gestillt zu werden. Wir sehnen uns danach, Gemeinschaft mit dem zu haben, der uns teuer erkauft hat, der uns so lieb hat, dass er den Himmel verlassen hat, um dich und mich persönlich zu suchen. Ihm bin ich es wert, gesucht zu werden. „Michael, wo bist du?"

Ohne Gott sind wir unvollständig und ständig auf der Suche nach Anerkennung und Wert, nach Erlösung und Heimat, eben nach dem Paradies.

Dort angekommen, kann uns nichts mehr trennen. Dort sind wir nie mehr allein. Dort gibt es keine Gefahren, Schmerzen, Scheidungen und keinen Trennungsschmerz mehr. Damit ist nun Schluss für alle Ewigkeit. Wir sind endlich zu Hause.

Denn ich bin gewiss, dass weder Tod noch Leben, weder Engel noch Mächte noch Gewalten, weder Gegenwärtiges noch Zukünftiges, weder Hohes noch Tiefes noch eine andere Kreatur uns scheiden kann von der Liebe Gottes, die in Christus Jesus ist, unserm Herrn (Röm 8,38).

Darum prüfe deine Herzenshaltung. Wer ist die Nummer eins in deinem Leben? Wer bzw. was ist dein Gott? In der Esoterik spricht man von dem Höheren Wesen, dem Universum, der Energie … also immer von einem „Es", das ist schrecklich. In den dunkelsten Stunden des Lebens (ich hatte schon einige davon) braucht man einen Freund – aber auch zum Lachen und um Freude zu teilen. Hast du auch ein „Es" oder hast du den, der sagt: „Ich bin dein?"

Was trennt dich noch? Wer oder was steckt hinter dieser Trennung? Enttäuschungen? Oh ja, in Gemeinden und Kirchen wird man sehr häufig enttäuscht. Christen und auch wir Autoren haben schon andere enttäuscht. Jesus dagegen enttäuscht nie.

Bist du noch verwirrt und durcheinander, von einem falschen Licht geblendet? Bist du noch verletzt, enttäuscht, kannst schwer vertrauen, weil man schon oft dein Vertrauen missbraucht hat? Wo Menschen sind, werden Fehler gemacht. Nur Gott ist frei von allen Fehlern. Zugegeben, ich verstehe ihn nicht immer, aber ich muss ihn auch nicht immer verstehen. Ich möchte ihm aber vertrauen, mein Leben auf ihn als Fundament aufbauen und meine Schmerzen, meine Wunden, mein Versagen und meine Schuld in seine Hände legen.

Lasst uns also alles über Bord werfen, was uns von Gott trennt. Im Paradies gibt es keine Trennungsgründe mehr. Tun wir es heute noch, denn wer morgen nach Frieden sucht, der lebt heute noch im Krieg. Wir wollen

- „Liebe" aussprechen: Das heilt und verbindet.
- Vergebung annehmen und gewähren: Das macht wahrhaft frei.
- in Wahrheit und ohne Lügen leben.
- treu im Kleinen sein.
- nein zu Drogen sagen: Sie vernebeln und zerstören uns.
- Glücksbringer, Esoterik, Horoskope usw. aus unserem Leben verbannen. Gott allein soll unser Glück sein. *„Gott nahe zu sein ist mein Glück"* (Ps 73,28).
- die Geister prüfen (gemäß 1 Joh 4).

Trennen wir uns also von allem, was uns vom Leben, der Liebe und somit von Gott selbst trennt. Trennen wir uns von Sünde, denn sie trennt dich und mich von Gott. Sie ist eine Behinderung unseres Lebens und zum Weg in die Ewigkeit. Sie kostet uns das Paradies. Sich von Sünde zu trennen bedeutet nicht, dass wir keine Fehler mehr machen, es bedeutet aber, dass wir uns mehr und mehr von Gott selbst verändern lassen dürfen. Er wird es tun, wenn wir ihn dazu einladen und ihn in Liebe darum bitten.

> *Denn Christus ist schon zu der Zeit, als wir noch schwach waren, für uns Gottlose gestorben.*
> *Nun stirbt kaum jemand um eines Gerechten willen; um des Guten willen wagt er vielleicht sein Leben.*
> *Gott aber erweist seine Liebe zu uns darin, dass Christus für uns gestorben ist, als wir noch Sünder waren. Um wie viel mehr werden wir nun durch ihn bewahrt werden vor dem Zorn, nachdem wir jetzt durch sein Blut gerecht geworden sind! Denn wenn wir mit Gott versöhnt worden sind durch den Tod seines Sohnes, als wir noch Feinde waren, um wie viel mehr werden wir selig werden durch sein Leben, nachdem wir nun versöhnt sind.*
> *Nicht allein aber das, sondern wir rühmen uns auch Gottes durch*

unsern Herrn Jesus Christus, durch den wir jetzt die Versöhnung empfangen haben (Röm 5,6-11).

Wie schon ein paarmal erwähnt: Ich bin kein Theologe! Aber in meinem kindlichen Vertrauen verstehe ich es so, dass ich mit der Annahme von Gottes Geschenk sein Kind geworden bin. Ab diesem Augenblick trage ich den Vater, den Sohn (unseren Herrn und Heiland) und den Heiligen Geist (den Tröster und Ermutiger) in meinem Herzen. Ich trage das Königreich des Himmels in meinem Herzen. Ab diesem Zeitpunkt habe ich das Paradies bereits wieder in mir, werden meine Sehnsüchte nach und nach gestillt: die Sehnsucht nach Vergebung, nach Annahme und Gemeinschaft, nach wahrer Freiheit. Jesus hat für meine vergangene, gegenwärtige und sogar zukünftige Schuld bereits bezahlt.

Ein junger Mann meinte daraufhin mal zu mir: „Da kann ich ja sündigen, wie ich möchte." Ich fragte ihn, ob sich darin seine Liebe zu Gott äußere, wenn er bewusst immer wieder gegen Gottes Gebote verstoße? Rebellion gegen Gott und seine Liebe? Ist das ein Liebesbeweis? Freunde, ich sage euch: Es geht nur um die Liebe. Gott sieht in unser Herz. Er weiß Bescheid. Ihn kann ich nicht enttäuschen, betrügen, hintergehen.

Weh denen, die mit ihrem Plan verborgen sein wollen vor dem HERRN und mit ihrem Tun im Finstern bleiben und sprechen: »Wer sieht uns und wer kennt uns?« Wie kehrt ihr alles um! Als ob der Ton dem Töpfer gleich wäre, dass das Werk spräche von seinem Meister: Er hat mich nicht gemacht!, und ein Bildwerk spräche von seinem Bildner: Er versteht nichts! (Jes 29,15-16).

Meinst du, dass sich jemand so heimlich verbergen könne, dass ich ihn nicht sehe?, spricht der HERR. Bin ich es nicht, der Himmel und Erde erfüllt?, spricht der HERR (Jer 23,24).

Denn meine Augen sehen auf alle ihre Wege, dass sie sich nicht vor mir verstecken können, und ihre Missetat ist vor meinen Augen nicht verborgen (Jer 16,17).

Das ist aber das Gericht, dass das Licht in die Welt gekommen ist, und die Menschen liebten die Finsternis mehr als das Licht, denn ihre Werke waren böse. Wer Böses tut, der hasst das Licht und kommt nicht zu dem Licht, damit seine Werke nicht aufgedeckt werden. Wer aber die Wahrheit tut, der kommt zu dem Licht, damit offenbar wird, dass seine Werke in Gott getan sind (Joh 3,19-21).

Es ist nichts verborgen, was nicht offenbar wird, und nichts geheim, was man nicht wissen wird. Was ich euch sage in der Finsternis, das redet im Licht; und was euch gesagt wird in das Ohr, das predigt auf den Dächern (Mt 10,26-27).

Denn es ist nichts verborgen, was nicht offenbar werden soll, und ist nichts geheim, was nicht an den Tag kommen soll (Mk 4,22).

Du hast unsere Ungerechtigkeiten vor dich gestellt, unser verborgenes Tun vor das Licht deines Angesichts (Ps 90,8 ELB).

Er enthüllt Geheimnisvolles aus dem Dunkel, und Finsternis zieht er ans Licht (Hiob 12,22 ELB).

... tief Verborgenes bringt er ans Licht (Hiob 28,11 HFA).

Jesus: *Ich bin in die Welt gekommen als ein Licht, damit, wer an mich glaubt, nicht in der Finsternis bleibe* (Joh 12,46).

Darum bekannte ich dir meine Sünde, und meine Schuld verhehlte ich nicht. Ich sprach: Ich will dem HERRN meine Übertretungen bekennen. Da vergabst du mir die Schuld meiner Sünde (Ps 32,5).

Gott, du kennst meine Torheit, und meine Schuld ist dir nicht verborgen (Ps 69,6).

Bekennt nun einander die Sünden und betet füreinander, damit ihr geheilt werdet! (Jak 5,16 ELB).

Wer seine Sünde leugnet, dem wird's nicht gelingen; wer sie aber bekennt und lässt, der wird Barmherzigkeit erlangen (Spr 28,13).

Bald ist die Nacht vorüber, und Gottes Tag bricht an. Deshalb wollen wir uns von den finsteren Werken der Nacht trennen und uns stattdessen mit den Waffen des Lichts rüsten (Röm 13,12 HFA).

Ja, du, HERR, bist meine Leuchte; der HERR macht meine Finsternis licht (2 Sam 22,29).

Das Licht leuchtet in der Finsternis, und die Finsternis hat es nicht auslöschen können (Joh 1,5 NGÜ).

Und die Verständigen werden leuchten wie der Glanz der Himmelsfeste; und die, welche die vielen zur Gerechtigkeit gewiesen haben, leuchten wie die Sterne immer und ewig (Dan 12,3 ELB).

Ich bin das Licht der Welt. Wer mir nachfolgt, wird nicht in der Finsternis umhergehen, sondern wird das Licht des Lebens haben (Joh 8,12 REÜ).

Wir können vielleicht die Welt blenden oder unser Umfeld, vielleicht machen wir uns sogar selbst etwas vor und betrügen uns selbst. Aber mit Sicherheit können wir Gott nichts vormachen. Denke bitte an den verlorenen Sohn; als er bereute und umkehrte, da nahm ihn sein Vater so an, wie er war: dreckig, stinkend und voller Versagen und Schuld. So dürfen wir, du und ich, zu Gott kommen. Ich muss es immer und immer wieder tun. Meine Sehnsucht treibt mich.

Letztendlich zählt nur die Liebe. Petrus hat beispielsweise jämmerlich versagt und seinen Herrn dreimal verleugnet.

Da sprach Jesus zu ihnen: In dieser Nacht werdet ihr alle Ärgernis nehmen an mir ... Petrus aber antwortete und sprach zu ihm: Wenn sie auch alle Ärgernis nehmen, so will ich doch niemals Ärgernis nehmen an dir. Jesus sprach zu ihm: Wahrlich, ich sage dir: In dieser Nacht, ehe der Hahn kräht, wirst du mich dreimal verleugnen. Petrus sprach zu ihm: Und wenn ich mit dir sterben müsste, will ich dich nicht verleugnen. Das Gleiche sagten auch alle Jünger (Mt 26,31.33-35).

Petrus aber saß draußen im Hof; da trat eine Magd zu ihm und sprach: Und du warst auch mit dem Jesus aus Galiläa. Er leugnete aber vor ihnen allen und sprach: Ich weiß nicht, was du sagst.

Als er aber hinausging in die Torhalle, sah ihn eine andere und sprach zu denen, die da waren: Dieser war auch mit dem Jesus von Nazareth.

Und er leugnete abermals und schwor dazu: Ich kenne den Menschen nicht.

Und nach einer kleinen Weile traten hinzu, die da standen, und sprachen zu Petrus: Wahrhaftig, du bist auch einer von denen, denn deine Sprache verrät dich.

Da fing er an, sich zu verfluchen und zu schwören: Ich kenne den Menschen nicht. Und alsbald krähte der Hahn.

Da dachte Petrus an das Wort, das Jesus zu ihm gesagt hatte: Ehe der Hahn kräht, wirst du mich dreimal verleugnen. Und er ging hinaus und weinte bitterlich (Mt 26,69-75).

Trotz des Schmerzes, des Versagens, des Scheiterns und der Schuld begegnen sich Petrus und Jesus wieder. Jesus lädt ihn zum Frühstück ein. Ist das nicht wunderschön und einzigartig? Mitten hinein in die Schuld und Scham von Petrus kommt sein Heiland, sein Freund und sein Gott. Er hält keinen theologischen oder philosophischen Vortrag, sondern fragt ihn nur nach seiner Liebe:

Als sie nun das Mahl gehalten hatten, spricht Jesus zu Simon Petrus: Simon, Sohn des Johannes, hast du mich lieber, als mich diese haben? Er spricht zu ihm: Ja, Herr, du weißt, dass ich dich lieb habe. Spricht Jesus zu ihm: Weide meine Lämmer! Spricht er zum zweiten Mal zu ihm: Simon, Sohn des Johannes, hast du mich lieb? Er spricht zu ihm: Ja, Herr, du weißt, dass ich dich lieb habe. Spricht Jesus zu ihm: Weide meine Schafe! Spricht er zum dritten Mal zu ihm: Simon, Sohn des Johannes, hast du mich lieb? Petrus wurde traurig, weil er zum dritten Mal zu ihm sagte: Hast du mich lieb?, und sprach zu ihm: Herr, du weißt alle Dinge, du weißt, dass ich dich lieb habe (Joh 21,15-17).

Wenn ich das lese, könnte ich vor Freude lachen und vor Berührung weinen. Wie wunderbar, wie schön, wie einzigartig! Da wurde die Beziehung wiederhergestellt. Jesus und Petrus waren zusammen, frühstückten miteinander und schauten sich an. Keine Anklage und keine Schuldzuweisungen kommen aus dem Herzen Jesu. „Nur die Liebe zählt", so hieß die Show von Kai Pflaume. Gott selbst ist ja die Liebe. Also alles, was zählt, ist Gott. Gott allein! Seine Liebe zu uns zählt und unsere Liebe zu ihm. Der Trennungsschmerz findet in der wahren Liebe ein Ende. Gott wird abwischen alle Tränen. Auch dich und mich wird er eines Tages fragen: „Hast du mich lieb?"

Strecke dich aus nach seiner Liebe. Bitte Jesus, in dein Leben zu kommen. Lege ihm alles hin, was dir schwer ist. Öffne ihm ganz und gar deine Herzenstür. Er hat von Anbeginn der Welt und ganz konkret am Kreuz „JA" gesagt zu dir und zu jedem einzelnen Menschen. Nicht nur du erlebst Trennungsschmerzen, sondern auch jene, die von dir getrennt sind, und ganz besonders der, der dich aus Liebe schuf: Dein himmlischer Papa.

Jesus fragt jetzt auch dich: „Hast du mich lieb?"

An dem Tag, an dem dein Herz zu Gott „Ja" sagt, beginnt deine Sehnsucht nach dem Paradies gestillt zu werden. Gott liebt dich so sehr, als gäbe es keinen anderen Menschen auf dieser Welt. Einzigartig, wunderbar und wunderschön ist seine Liebe zu dir. An seiner Hand, nah an seinem Vaterherzen, in seinen Armen geborgen und umhüllt von seiner Heiligkeit in einer Atmosphäre unendlicher Liebe kommt deine Seele zur Ruhe. Dort findest du deinen wahren Frieden. Gott nahe zu sein, ist dein Glück, ist das Paradies.

Gedanken von anderen

JESUS, mein HERR, von Angesicht zu Angesicht!!! HEILIGER GEIST und „PAPA"!!! ... unaussprechliche, überwältigende Freude und Liebe ... Staunen ... Musik ... liebe Menschen wiedersehen ... herrliche Natur und Tiere (alle zahm) ... freu' mich schon, einen Löwen zu umarmen ...

Mein Herz geht über, wenn ich daran denke. Ich kann es nicht fassen; es geht über meine Vorstellungskraft.

Dorothea Biliczky, Lehrerin, Neuendettelsau

Paradies – Garten unbeschwerter Freude,
seliger Urzustand, ohne Fäulnis und Verderben ...
Geliebt und Liebe schenkend –
ohne Mauern, ohne Lug und Trug,
ohne bittere Enttäuschung
wegen so vieler falscher, heimtückischer Masken.
Paradies – du Ort des Glücks und seliges Überall,
grenzenloses Land Gottes;
ungebrochene Freundschaft mit dem Höchsten
und Menschen und Engeln,
vollkommene Harmonie des gut geschaffenen Kosmos!

Oh, wie sehne ich mich nach dir, Vater,
du allgewaltiger Schöpfer, Quelle des Lebens,
und du wahrer, wichtigster Inhalt des Paradieses:
ewiger, dreifaltiger Gott, der du die Liebe selber bist.
Ich suche nach dir hier in der Fremde meines Erden-Alltags,
die Ur-Erinnerung an das alte und zugleich die geschenkte Verheißung an das neue, himmlische Paradies in meinem armen
Herzen tragend –

mein Herz, das hier noch oft so aufgescheucht ist von 1000 Sorgen, mit mancherlei Dunkel auch belegt ...

In deinen Armen, himmlischer Vater, bricht schon *jetzt* der Himmel an, immer wieder neu geschenkt durch deine Gnade, durch deinen Sohn Jesus Christus im Heiligen Geist.

Lass mich, o Vater, den Weg zum verheißenen Paradies, die tragende Hoffnung auf den Neuen Himmel und die Neue Erde niemals verlassen, niemals aufgeben – bis ich *ganz* dort sein darf – auf ewig!

In Jesus hast du allen Menschen guten Willens, die es annehmen, die Tür dorthin geöffnet;

danke, Jesus!

Amen.

Wolfgang Woppmann, 43 Jahre, katholischer Priester

KAPITEL 6

Gottes liebevolle Nähe

Das Paradies ist nur deshalb das Paradies, weil Gott dort ist. Dort, wo Gott ist, ist also das Paradies – egal, an welchem Ort wir mit ihm sind. Nachdem uns der Verwirrer verwirrt, der Lichtbringer uns zum Schein etwas vorgegaukelt, der Durcheinanderbringer uns durcheinandergebracht hatte, war für uns kein Platz mehr an diesem vollkommenen Ort. Wir hatten keine Gemeinschaft mehr mit unserem himmlischen Vater. Was uns blieb, war eine herzzerreißende Sehnsucht. Es war uns nun nicht mehr möglich zu ihm zu kommen, und deshalb entschloss er sich, zu uns zu kommen.

Pastor Wilhelm Busch schrieb dazu Folgendes:

Durch die Nebelwand hindurch

Stellen Sie sich mal eine dichte Nebelwand vor.
Hinter der Nebelwand verborgen ist Gott.
Nun können die Menschen aber nicht leben ohne ihn.
Und da fangen sie an, ihn zu suchen. Sie versuchen,
in die Nebelwand einzudringen.
Das sind die Bemühungen der Religionen.
Alle Religionen sind ein Suchen der Menschen nach
Gott. Und allen Religionen ist eins gemein:
Sie sind im Nebel verirrt, sie haben Gott nicht gefunden.
Gott ist ein verborgener.
Das hat Jesaja aus Herzensgrund geschrien:
„Herr, wir können nicht zu dir kommen. Ach, dass du
die Nebelwand zerrissest und kämest zu uns!"

Und Gott hat diesen Schrei gehört!
Er hat die Nebelwand zerrissen und ist zu uns gekommen -
in Jesus. Und jetzt sagt Jesus: „Wer mich sieht, der sieht
den Vater." Ohne Jesus wüsste ich nichts von Gott. Er ist
die einzige Stelle, wo ich Gewissheit über Gott bekommen
kann.[1]

Als Jesus geboren wurde, war es so weit. Gott kam uns ganz nah, unfassbar nah. „Die größte Geschichte aller Zeiten" nimmt hier ihren Lauf. Eigentlich schon früher. Der Schöpfer, unser himmlischer Vater, legt immer Wert auf den freien Willen, weil Liebe Freiheit voraussetzt. Immer wieder können wir das Wort „Liebe" einfach mit „Gott" ersetzen, also ist Gott Freiheit pur. Im Paradies wurden wir nicht gegen unseren Willen gefangen gehalten, nein, wir hatten die Wahl, auch zu gehen. Wir werden mit Sicherheit auch nicht gegen unseren Willen ins Paradies „zurückgeschleift" ... wer da nicht hinein will, muss nicht. So wie wir im Vaterunser beten „Dein Wille" geschehe, wird Gott immer auch unseren Willen akzeptieren. Jemanden, den wir lieben, können wir nicht zwingen, uns zu lieben. Wenn wir zu einem Fest einladen, wäre es schrecklich, wenn die Gäste nicht freiwillig und aus Freude kommen würden.

Ich nehme mir jetzt die Freiheit und schreibe ein wenig über Maria, die Mutter Jesu. Ohne sie, einem Mädchen von 14 oder 15 Jahren, hätte der Heilsplan Gottes nie stattgefunden. Alles, was mit Liebe (Gott) zu tun hat, hat mit Freiheit, Respekt, Anerkennung, Wertschätzung und Rücksicht zu tun.

Der Engel des Herrn offenbarte Maria die Absicht Gottes:

Und der Engel kam zu ihr hinein und sprach: Sei gegrüßt, du Begnadete! Der Herr ist mit dir!
Sie aber erschrak über die Rede und dachte: Welch ein Gruß ist

---

[1] Wilhelm Busch, Jesus unser Schicksal (Special Edition), Aussaat-Verlag 2006, S. 10–11.

das?

Und der Engel sprach zu ihr: Fürchte dich nicht, Maria, du hast Gnade bei Gott gefunden. Siehe, du wirst schwanger werden und einen Sohn gebären, und du sollst ihm den Namen Jesus geben. Der wird groß sein und Sohn des Höchsten genannt werden; und Gott der Herr wird ihm den Thron seines Vaters David geben. Und er wird König sein über das Haus Jakob in Ewigkeit, und sein Reich wird kein Ende haben.

Da sprach Maria zu dem Engel: Wie soll das zugehen, da ich doch von keinem Mann weiß? Der Engel antwortete und sprach zu ihr: Der Heilige Geist wird über dich kommen, und die Kraft des Höchsten wird dich überschatten; darum wird auch das Heilige, das geboren wird, Gottes Sohn genannt werden. Und siehe, Elisabeth, deine Verwandte, ist auch schwanger mit einem Sohn, in ihrem Alter, und ist jetzt im sechsten Monat, von der man sagt, dass sie unfruchtbar sei. Denn bei Gott ist kein Ding unmöglich. Maria aber sprach: Siehe, ich bin des Herrn Magd; mir geschehe, wie du gesagt hast (Lk 1,28-38).

„Mir geschehe, wie du sagst", heißt ganz einfach ausgedrückt „Ja." Dieses „Ja" war nicht nur die Einwilligung, die Mutter von Jesus zu werden, sondern auch ein „Ja" zu einer für die Gesellschaft „skandalösen" Schwangerschaft. Die damit verbundenen Folgen waren Beleidigung, Spott, Ablehnung, Schmerz, Ausgrenzung, Leid, Verfolgung … Unverständnis der Gesellschaft. Dies gilt auch für heute, hier und jetzt. Wer sich zu Jesus bekennt, wer zu ihm ja sagt, der kann sich in Schule und Beruf eventuell auf etwas gefasst machen. Wobei wir hier im deutschsprachigen Raum noch Glück haben und unseren Glauben frei bekennen dürfen, noch! Christen werden weltweit verfolgt wie keine andere Glaubensrichtung. Man spricht von bis zu 200 000 aufgrund ihres Glaubens getöteten Christen jährlich.

Maria sagt also „Ja" zu Gott, zu Jesus, zum Heiligen Geist. Sie sagt: „Ja, was auch immer kommt, ich stehe zu dir und zu deinem Plan,

Gott." Was für eine tolle Frau! Josef, der Stiefvater Jesu, war ebenfalls ein toller Mann. Ich möchte ihn hier nicht vergessen, denn trotz vieler innerer Kämpfe hat auch er „Ja" zu Gott und dessen Plan, aber auch Ja zu seiner Frau gesagt. „In guten wie in schlechten Zeiten" hielt er sein Wort.

Maria war es auch, die beim ersten Wunder, bei der Hochzeit von Kana dabei war und Jesus dort sogar um dieses Wunder bat. Sie stand auch unter dem Kreuz. Das war sehr gefährlich, denn die Kreuze wurden damals zur Warnung für alle aufgestellt. Alle, die sich zu Jesus bekannten, liefen Gefahr, auch ihr Leben zu verlieren. Sie war zum Äußersten bereit, genauso wie „Johannes", der einzige Jünger, der mit Maria unterm Kreuz stand. „Siehe, deine Mutter", sagte Jesus vom Kreuz herab zu Johannes. „Mutter, siehe, dein Sohn", sagte er zu seiner Mama und überließ sie der Obhut von Johannes. Ich finde die Fürsorge Jesu, die in diesen Worten zum Ausdruck kommt, umwerfend.

Was wäre ohne Marias „Ja" wohl geschehen? Hätte Gott eine andere Frau erwählt? Ich weiß es nicht. Dennoch, ohne das „Ja" eines Menschen zum Heilsplan Gottes wäre es nicht gegangen. Die ersten Menschen sagten „Nein" zu Gottes Geboten, aber dieser Mensch, diese Frau mit Namen Maria, sagte „Ja".

Durch ihr „Ja" kommt Jesus, das Licht der Welt, in unsere Dunkelheit. Durch ihr „Ja" kommt das Wort Gottes mitten in unsere Sprachlosigkeit. Nah bei Ochs und Esel, an der Brust eines Menschen, umgeben von Hirten und Weisen aus dem Morgenland, liegt Gott. Als Baby, in absoluter Schwachheit und Hilflosigkeit, kommt der Retter der Welt zu uns. Er schenkt uns seine Liebe und Fürsorge und ist dabei auf unsere angewiesen. Der, der alle Früchte der Erde und den Menschen selbst kreierte, liegt hilflos in den Armen eines seiner Geschöpfe und nimmt Muttermilch zu sich. Hände, die er selbst geschaffen hat, tragen ihn. Leben, das er selbst gegeben hat, lässt ihn leben. Die Beziehung und Nähe zu Gott wird von ihm in einzigartiger Weise vorgelebt. Nähe, nichts als

Nähe … dieser Gott ist kein höheres Wesen, keine fremde Macht, sondern einer, der sich nach unserer Nähe und Liebe sehnt.

Ich habe im Folgenden ein paar Begegnungen aus dem Leben Jesu herausgesucht, in denen es immer um Nähe geht.

Und siehe, ein Mann war in Jerusalem, mit Namen Simeon; und dieser Mann war fromm und gottesfürchtig und wartete auf den Trost Israels, und der Heilige Geist war mit ihm. Und ihm war ein Wort zuteil geworden von dem Heiligen Geist, er solle den Tod nicht sehen, er habe denn zuvor den Christus des Herrn gesehen.
Und er kam auf Anregen des Geistes in den Tempel. Und als die Eltern das Kind Jesus in den Tempel brachten, um mit ihm zu tun, wie es Brauch ist nach dem Gesetz,
da nahm er ihn auf seine Arme und lobte Gott und sprach:
Herr, nun lässt du deinen Diener in Frieden fahren, wie du gesagt hast;
denn meine Augen haben deinen Heiland gesehen,
den du bereitet hast vor allen Völkern, ein Licht, zu erleuchten die Heiden und zum Preis deines Volkes Israel (Lk 2,25-32).

Simeons Herz kam erst dann zur Ruhe, als er das Kind auf den Armen trug. Seine Sehnsucht wurde erst gestillt, als er ihm ganz nahe gekommen ist.

Und Jesus ging vorüber und sah einen Menschen, der blind geboren war.
Und seine Jünger fragten ihn und sprachen: Meister, wer hat gesündigt, dieser oder seine Eltern, dass er blind geboren ist? Jesus antwortete: Es hat weder dieser gesündigt noch seine Eltern, sondern es sollen die Werke Gottes offenbar werden an ihm. Wir müssen die Werke dessen wirken, der mich gesandt hat, solange es Tag ist; es kommt die Nacht, da niemand wirken kann. Solange ich in der Welt bin, bin ich das Licht der Welt.
Als er das gesagt hatte, spuckte er auf die Erde, machte daraus einen Brei und strich den Brei auf die Augen des Blinden. Und er

sprach zu ihm: Geh zum Teich Siloah – das heißt übersetzt: ge-
sandt – und wasche dich! Da ging er hin und wusch sich und kam
sehend wieder (Joh 9,1-7).

Nachdem Jesus den Blinden berührte, wurde dieser wieder gesund. Die Nähe des Heilandes machte den Blinden gesund. Wie
oft lief ich selbst blind durch mein Leben? Wie oft handelte ich
wie ein Blinder.

Sechs Tage vor dem Passafest kam Jesus nach Betanien, wo Laza-
rus war, den Jesus auferweckt hatte von den Toten. Dort machten
sie ihm ein Mahl und Marta diente ihm; Lazarus aber war einer von
denen, die mit ihm zu Tisch saßen. Da nahm Maria ein Pfund Salb-
öl von unverfälschter, kostbarer Narde und salbte die Füße Jesu
und trocknete mit ihrem Haar seine Füße; das Haus aber wurde er-
füllt vom Duft des Öls (Joh 12,1-3).

Vor dem Passafest aber erkannte Jesus, dass seine Stunde gekom-
men war, dass er aus dieser Welt ginge zum Vater; und wie er die
Seinen geliebt hatte, die in der Welt waren, so liebte er sie bis ans
Ende. Und beim Abendessen, als schon der Teufel dem Judas, Si-
mons Sohn, dem Iskariot, ins Herz gegeben hatte, ihn zu verraten,
Jesus aber wusste, dass ihm der Vater alles in seine Hände gegeben
hatte und dass er von Gott gekommen war und zu Gott ging, da
stand er vom Mahl auf, legte sein Obergewand ab und nahm einen
Schurz und umgürtete sich. Danach goss er Wasser in ein Becken,
fing an, den Jüngern die Füße zu waschen, und trocknete sie mit
dem Schurz, mit dem er umgürtet war. Da kam er zu Simon Petrus;
der sprach zu ihm: Herr, solltest du mir die Füße waschen?
Jesus antwortete und sprach zu ihm: Was ich tue, das verstehst du
jetzt nicht; du wirst es aber hernach erfahren.
Da sprach Petrus zu ihm: Nimmermehr sollst du mir die Füße wa-
schen! Jesus antwortete ihm: Wenn ich dich nicht wasche, so hast
du kein Teil an mir.
Spricht zu ihm Simon Petrus: Herr, nicht die Füße allein, sondern
auch die Hände und das Haupt!

Spricht Jesus zu ihm: Wer gewaschen ist, bedarf nichts, als dass ihm die Füße gewaschen werden; denn er ist ganz rein. Und ihr seid rein, aber nicht alle. Denn er kannte seinen Verräter; darum sprach er: Ihr seid nicht alle rein. Als er nun ihre Füße gewaschen hatte, nahm er seine Kleider und setzte sich wieder nieder und sprach zu ihnen: Wisst ihr, was ich euch getan habe? Ihr nennt mich Meister und Herr und sagt es mit Recht, denn ich bin's auch. Wenn nun ich, euer Herr und Meister, euch die Füße gewaschen habe, so sollt auch ihr euch untereinander die Füße waschen. Ein Beispiel habe ich euch gegeben, damit ihr tut, wie ich euch getan habe (Joh 13,1-5).

Was kann ich dazu sagen? Der Schöpfer des Universums, der Allmächtige, der die Sterne an den Himmel gesetzt und den Planeten ihre Bahnen gegeben hat, der das Alpha und Omega ist, der König der Könige, der Herr aller Herren, wäscht seinen Freunden, also auch dir und mir, den Dreck und Gestank von den Füßen. Hände, die heilten und die Welt erschufen, beugten sich herab und wuschen unsere Füße.

In seiner Demut kommt uns Jesus ganz nahe und gibt uns ein Beispiel, wie wir miteinander umgehen sollen. Er scheut sich nicht vor der Drecksarbeit, dem Sklavendienst der Fußwaschung. Die Beschmutzungen, die wir uns in der Welt immer wieder zuziehen, wäscht er uns von den Füßen – vergibt uns unsere Schuld, wie auch wir anderen vergeben sollen und ihnen damit, um im Bilde Jesu zu bleiben, in Demut und Liebe die Füße zu waschen. Denn er, der Herr, hat uns darin angeleitet.

Da es mit Vertrautheit zu tun hat, wenn man sich von anderen die Füße waschen lässt, könnte man diesen Abschnitt auch so interpretieren, dass Jesus die Jünger durch die Fußwaschung von Scham- und Schuldgefühlen befreite. Hatten die ersten Menschen nicht auch Scham, als sie sündigten? Zuvor gab es keine Scham und absolute Vertrautheit (in diesem Wort steckt „Treue"). Es gab grenzenlose Treue, keine Scham, völliges Angenommensein. Jesus stellt diesen Urzustand, diese Treue, diese Vertrautheit, dieses Angenommensein wieder her. Das ist wunderschön, wunderbar, einzigartig, genial … „Ja, Jesus, so bitte ich dich, nimm auch mir meine Scham, meine Zweifel, meine Unsicherheit … komm mir bitte ganz nahe und wasche auch meine Füße.“

Ohne die Liebe, also ohne Gott und seine Nähe können wir nicht existieren. Friedrich II. soll angeblich einen Versuch mit Babys gemacht haben, wobei er ergründen wollte, wie Babys sich ohne Ansprache und Zuneigung entwickeln. Über den genauen Vorgang des Experiments ist wenig bekannt. Das Ergebnis seines Experiments war allerdings erschütternd: Alle Kinder starben vermutlich aus Mangel an Liebe. Er schrieb dazu: „Sie vermochten nicht zu leben ohne das Händepatschen und das fröhliche Gesichterschneiden und die Koseworte ihrer Ammen.“

So ergeht es jedem Menschen. Wir alle brauchen Anerkennung und Liebe. Wenn unser Umfeld nur noch aus Computern und Spielekonsolen besteht, dann werden wir jeden Tag ein wenig mehr vereinsamen. Die Tatsache, dass Psychotherapeuten und Lebensberater so stark gefragt sind, zeigt doch, dass die Menschen jemanden zum Reden brauchen. Die meisten Schulen benötigen inzwischen eine(n) Sozialarbeiter(in). Ich finde das auch richtig und wertvoll, denn es besteht Redebedarf. Wenn mehr und mehr Menschen sich trennen, Ehen zerbrechen und die Menschen den größten Teil ihrer Zeit vor kalten, leeren Kisten sitzen, steigt die Sehnsucht nach Liebe natürlich noch mehr,.

In Jesus kommt Gott uns nahe. Er gesellt sich zu allen Menschen, besonders zu den Unterdrückten, Schwachen, den Ausgestoßenen.

Die Tauben macht er hörend,
die Blinden sehend.
Den Leprakranken berührt er und macht ihn rein.
Die Lahmen macht er gehend.
Die Besessenen macht er frei.

Die Ausgestoßenen nimmt er an.
Die Entwürdigten würdigt er.
Die Gefangen macht er frei.
Die Toten macht er Lebendig.

Wenn ich nur mein eigenes Leben betrachte: Wie oft war ich taub und wollte manches nicht wahrhaben, wollte nicht hören? Wie oft war ich blind, erkannte manches nicht oder wollte es nicht sehen. Wie oft war ich faul, auch innerlich, weil meine Gedanken eine Katastrophe waren. Wie oft haben mich weltliche Dinge in Besitz genommen und ich habe die Wahrheit nicht erkannt oder nicht praktiziert. Oft war ich ausgegrenzt, gedemütigt, und meine kranken Bindungen und Verletzungen hielten mich gefangen. In all dem war kein Leben, kein Segen, keine Freiheit.

Jesus Christus ist ein Freund der Menschen, der beste Arzt, das vertraute Gegenüber … mein Gott und dein Gott.

Der Retter der Welt, der jedem einzelnen Menschen so unbeschreiblich nahe kommt, gab sein Leben aus Liebe heraus für uns, damit wir leben können.

Er verlor sein Leben, damit wir das Paradies erben können. Er erniedrigte sich, damit wir in den Himmel erhöht werden können.

Gedanken von anderen

Das Paradies ist für mich der Himmel und ich verspüre Sehnsucht zu dem Ort hin, wo Gottes liebende Arme auf mich warten. Wo ich eingehüllt sein werde in seiner grenzenlosen Liebe, die mein jetziges Denken überschreitet.

Dann bin ich an einem Ort, wo ich frei wie ein Vogel und leicht wie eine Feder umherfliegen kann. Wo bunte Blumen den Wegrand säumen und das Wasser so klar wie ein Bergkristall ist.

99

Herr, dann werde ich dein Antlitz sehen und dir voll tiefer Dankbarkeit gegenüberstehen, denn ich hätte keinen lieberen Vater hier auf der Erde haben können als dich.

Demütig beuge ich mein Haupt, ich bin angekommen in der Ewigkeit, angekommen bei DIR.

Friede macht sich in mir breit.

Herr, mein Herz wird stille, stille in DIR …

Antje Hoffmann, 49 Jahre, Heimtextilienverkäuferin, Haiger

Wo Leere ist, herrscht Sehnsucht.

Sehnsucht wird als inniges Verlangen nach einer Person, einer Sache, einem Zustand oder einer Zeitspanne, die man liebt oder begehrt, beschrieben.

Sehnsucht hat immer mit meinem Herzen zu tun, mit dieser Sehnsucht nach Leben. Ist dies vielleicht die Sehnsucht nach dem Paradies?

Ich bin dabei zu lernen, dass meine Suche nach Leben in der Liebe Gottes zu mir gegründet ist. Das Reich Gottes ist Liebe. Es ist Frieden.

Es ist ein in der Kraft des Heiligen Geistes gelebtes Leben – anders kann Gottes Reich niemals gelebt werden.

Fundament und Fokus ist die Liebe. Sie ist das Wie und Warum, der Grund, die Verheißung, die Antwort auf meine Sehnsucht.

Denn Liebe ist das Wesen Gottes.

Und eines weiß ich gewiss – die Liebe versagt niemals.

Wolfgang Gröber, 58 Jahre, Innenarchitekt, Aalen

KAPITEL 7

Heilende Beziehung

Manche kennen ja bereits meine Vatergeschichte. Mein Vater war Alkoholiker und hat nur selten gearbeitet. 37 Jahre meines Lebens wollte ich ihn verändern, doch je mehr ich das versuchte, desto schwieriger wurde unsere Beziehung und desto mehr Probleme hatte ich mit mir selbst.

An dem Tag, als ich zu ihm ging und ihm zum ersten Mal sagte: „Ich hab dich lieb" und ihn dabei um Vergebung bat, geschah das Wunder. Was ich in meinem Herzen meinte, war: „Vergib mir, dass ich dich ändern wollte; ich will dich lieben so wie du bist, auch wenn du weiter trinkst und gemein bist. Meine Liebe soll nie mehr davon abhängig sein, was du tust oder nicht tust." An diesem Tag wurde sein Herz, aber auch mein eigenes, ganz wunderbar berührt und ich erlebte das, wonach ich mich ein Leben lang gesehnt hatte. Er wurde mein Freund. Wir hatten Tischgemeinschaft. Er erzählte aus seinem Leben. Er begann an Gott zu glauben, ihn zu lieben. Er schloss mit vielen Menschen Frieden.

Er, der so oft geschrien hatte, wurde nun still und versank im Gebet. Er, der so viele Menschen angeklagt und verletzt hatte, neigte den Kopf und versank im Gebet vor seinem himmlischen Vater. Er, der so vielen Schuld gegeben hatte, bat nun um Vergebung. Dieser Mann, der sich manchmal etwas genommen hatte, was nicht erlaubt war, gab nun sein Letztes. Er wurde der Papa, nach dem ich mich immer gesehnt hatte, er wurde mein Freund und für meine Kinder ein wunderbarer Opa. Das Letzte, was er von mir bekam, war ein Kuss und eine Liebeserklärung. „Ich hab dich lieb."

Als er kurz darauf starb, besuchte ich ihn ein letztes Mal in der Lei-
chenhalle. Etwa eine Stunde war ich bei ihm. Wir kamen uns noch
einmal ganz nah. Ich schloss meine Augen und streichelte ihn. Als
Junge hatte ich oft seine Muskeln gefühlt und ihm heimlich beim
Rasieren zugesehen. Wenn er weinte, wollte ich wissen, wie Männer weinen, wie mein Vater weint. Dort am offenen Sarg prüfte ich
noch einmal seine Muskeln, küsste ihn und spürte seine Bartstop-
peln. Ich roch sein Rasierwasser und weiß auch heute noch, wie es
roch.

Auf seinen Unterarmen hatte er Tätowierungen, die ihm seine
Saufkumpane im Suff angebracht hatten. Ich schämte mich ein
Leben lang nicht nur für meinen Vater, sondern auch für diese Tä-
towierungen. Dort, am offenen Sarg, streichelte ich sie zum ersten
Mal, dort liebte ich sie zum ersten Mal. Heute vermisse ich sie, ja
den ganzen Kerl, meinen Papa, den ich so oft „ertragen" musste.
Ja, ich vermisse ihn. Alles, was mir von ihm geblieben ist, ist seine
Baseballmütze. Ab und zu schaue ich in diese hinein, ob ich noch
ein Haar von ihm finde.

Wie oft bin ich ihm aus dem Weg gegangen! Wenn ich in einem
Supermarkt war und er hineinkam, versteckte ich mich hinter den
Regalen. Ich war ein kleiner, bockiger, verletzter Junge … der keine Worte der Liebe aussprechen konnte, weil er sie selbst kaum
gehört hatte. Während ich diese Zeilen schreibe, weine ich! Als
mein Vater und ich uns näher kamen, da entdeckten wir ein Stück
Paradies in Vertrauen, Freundschaft und bedingungsloser Annahme. Mit 37 Jahren kam ich meinem Vater aus Liebe nahe. Und
mit 37 Jahren lernte ich auch meinen himmlischen Papa noch ein
gutes Stück besser kennen. Er ist Liebe, nichts als Liebe.

Zwei Tage bevor mein Vater starb, stand er verwirrt und fast nackt
vor mir. Ich empfand nur Liebe, nichts als Liebe. Ich stützte und
trug ihn damals. Jede Erfahrung der Nähe heilte uns mehr. Unsere
Umarmungen, jedes „Ich hab dich lieb", das Tragen und Stützen.
Der letzte Kuss und meine Streicheleinheiten am offenen Sarg,

diese unbeschreibliche Nähe, sie heilten ihn und mich. Die Liebe, die darin war, machte uns neu. Mein Männerherz heilte durch diese Nähe. Keine Anklage, keine Bitterkeit ... unsere Vergebung machte uns frei. Gott selbst heilte unsere Herzen durch seine Nähe. Er führte uns zusammen. Heute weiß ich endlich, dass mein Vater mich sehr liebte, er konnte es mir nur nicht zeigen, weil er selbst so oft verletzt worden war. Als wir durch Gottes Nähe heil wurden, wurde unsere Liebe zu Gott neu entfacht.

Ich durfte es bereits hier auf Erden ein Stück erleben, wie es ist, wenn eine Beziehung heil wird. Meine Beziehung zu meinem Vater wurde neu und zugleich auch die zu meinem himmlischen Vater. Wie wunderbar muss es sein, mit beiden die Ewigkeit zu verbringen. Oh, ich habe so Sehnsucht nach beiden.

Was kein Auge gesehen hat und kein Ohr gehört hat und in keines Menschen Herz gekommen ist, was Gott bereitet hat denen, die ihn lieben (1 Kor 2,9).

Als mein Vater starb war meine Tochter gerade mal ein Jahr alt. Zwei Tage nach dem Tod meines Vaters schrieb mein Schwiegervater Wolfgang einen Brief an meine Tochter. Er ist sehr persönlich, wie oft habe ich bei diesen Zeilen geweint. Nach Absprache mit meinem Schwiegervater darf ich den Brief hier abdrucken. Falls du noch mit Menschen im Streit lebst, lass es dir sagen: Die Liebe ist eine unvorstellbare Macht, sie kann alles neu machen. Wenn wir sie zulassen, leben, reichlich weitergeben, geschehen Wunder. Lies diese Zeilen mit dem Herzen.

Gedanken zu deinem Opa Gebhard, ja vielleicht ein Vermächtnis, 13.07.2010

Meine geliebte Enkeltochter Laura,

mir ist es wichtig, dich an meinen Gedanken teilhaben zu lassen, die mich momentan ziemlich bewegen. Am 11.07.2010 starb dein Opa Gebhard plötzlich. Ich finde es ziemlich schade, wenn Großeltern das „Großwerden" Ihrer Enkel nicht miterleben können. Ich denk es ist immer ein leerer Platz übrig.

Diesen „leeren Platz" will ich mit guten Gedanken füllen, weil wenn ich an Gebhard denke, ich ein lachendes Gesicht vor Augen habe. An diesem bist du nicht ganz unschuldig, mein Schatz, denn deine Fröhlichkeit hat ihn bezaubert, ja geradezu verändert. Ich erlebte Gottes spürbare Gegenwart in der Veränderung seines Wesens. Er lebte förmlich auf, wenn er dich sah. Es war ihm wichtig, dich nahezu täglich zu sehen. Er hat dich geliebt, mein Schatz.

Warum schreib ich dir das? Ich denke, weil die Liebe und die Achtung, die man einem Menschen entgegenbringt, Menschen verändern. Den Weg dieser Veränderung können dir deine Eltern bestimmt einmal erzählen. Es ist wichtig, die Geschichte seiner Herkunftsfamilie zu kennen. Es ist eine Geschichte von Hilflosigkeit, eine Suche nach Liebe. Dein Opa hat dies alles kennengelernt, auch das Auffinden „dieser Liebe".

Deine Eltern, die ihre Bereitschaft zur Vergebung gelebt haben, waren dann auch die Türöffner, dass dein Opa sich geliebt wusste und dadurch auch Liebe zulassen konnte.

Du siehst, mein Schatz, das Leben lebt von Veränderungen. Als ich dir diese Zeilen schrieb, warst du noch eine fröhliche kleine Maus. Beim Lesen dieser Zeilen bist du sicher schon größer, aber ich hoffe und bete für dich, dass deine Fröhlichkeit mitwächst.

Viele Dinge lassen sich nur mit dem Herzen begreifen … eben diese Liebe. Es gibt keine leeren Plätze, die Liebe füllt sie aus.

Dein Opa

Bei dem Veränderungsprozess meines Vaters ging es allein um die Liebe Gottes. Und diese Wandlung, dieses „Heilwerden" kam nur durch Vergebung zustande: die Vergebung Gottes für sich selbst empfangen, anderen vergeben und sie um Vergebung bitten. Keine Glückskekse, keine Glücksbringer, keine Horoskope, keine

Karten, kein Universum und kein Zaubertrank brachten dieses Wunder der Vergebung zustande. Gott allein tat es. Er allein war unser Glück im Paradies, und nichts und niemand bringt uns dorthin wieder zurück als nur er selbst mit seinem wunderbaren, aus Liebe entworfenen Plan.

Jesus Christus –
Geboren aus Liebe, um aus Liebe zu tragen, was uns schwer ist.
Geboren, um in Liebe zu leiden und zu sterben.
Mit Liebe den Tod und die Dunkelheit besiegt,
um in Liebe mit uns, den Geliebten,
die Ewigkeit in vollkommener Liebe zu verbringen.
(Michael Stahl)

Heilende Beziehungen

Ich könnte hier noch Hunderte Geschichten berichten und bezeugen. Väter, die zu ihren Söhnen und Töchtern gingen und um Vergebung baten. Eheleute, die einander um Vergebung baten. Viele Menschen, die mir persönlich davon berichteten oder schrieben. Bei einigen dieser Versöhnungsgeschichten durfte ich selbst dabei sein. Ich hoffe, dass durch dieses Buch weitere „Wunder" dazukommen.

Trotz aller Kriege, aller Traurigkeit und allen Schmerzes liegt noch ein Hauch des Paradieses auf dieser kaputten Welt, finden wir noch ein Stück Himmel über unserer sterbenden Welt:

- wunderschöne Kompositionen
- atemberaubende Landschaften – die Majestät der Berge und die Tiefen der Meere
- begeisternde Malereien
- das Morgen- und Abendrot
- der Regenbogen
- spielende Tiere

- das Lächeln eines Menschen
- die Faszination von Babys
- Menschen, die Versöhnung suchen und leben.
- Singen, tanzen, lachen, beten … und so vieles mehr.

Wir sehen und spüren hier und dort ein Stück Paradies … und unsere Sehnsucht nach dem Paradies.

Was steckt hinter Schönheits-OPs, hinter dem Jugendwahn, hinter der Sehnsucht nach Anerkennung und Schönheit? Warum sind wir auf der Suche nach Stärke, Muskeln, Bestätigung. Warum verschönern wir unsere Wohnungen und Büros mit Pflanzen? Warum sehnen wir uns nach Kommunikation, Licht und Wärme?

Es ist in Wahrheit Gott allein, den wir suchen und den wir brauchen.

Er ist nur ein „Ja" von uns entfernt. Er hält uns die kostenlose Eintrittskarte für das Paradies entgegen. Wir können es uns nicht erkaufen oder mit Leistung erkämpfen, es ist schon da und steht vor deiner Herzenstür … Dein „Ja" ist der Türöffner. Ich kenne keinen Menschen, der es am Ende seines Lebens bereut hat, Gott zu lieben. So könnte dein „Ja" aussehen bzw. sich anhören. Wenn du magst, kannst du folgende Worte mit mir zusammen beten:

Lieber Jesus,
leider ist mein Leben nicht so gelaufen,
wie DU es für mich erdacht hattest.
Ich habe in vielen Dingen
Glück, Anerkennung und Zufriedenheit gesucht.
Doch nirgendwo fand ich meine Erfüllung.
Menschen haben mich enttäuscht und verletzt.
Mit DIR will ich einen Neuanfang machen,
DIR will ich vertrauen.
Ich habe nun erkannt,
dass nur DU mir wahren Frieden schenken kannst
und dass ich nur durch DICH den Sinn des Lebens erkennen werde.

Bitte vergib mir alle meine Schuld,
meinen Egoismus und meine Lieblosigkeit.
Ich bereue meine Rebellion gegen dich,
meinen Schöpfer und Heiland.
Danke, dass du mich so unendlich liebst.

Ich weiß nun, dass ich ein KIND GOTTES bin.
Bitte führe mich zu der Aufgabe,
die DU für mich bestimmt hast.
Ich möchte DIR danken,
dass DU für meine Sünden gestorben bist
und mich wahrhaftig frei gemacht hast.
DU willst mir geben, was kein Mensch mir geben kann.
Ich will dieses Geschenk jetzt annehmen mit dem sicheren Gefühl,
dass ich für alle Ewigkeit errettet bin,
weil ich durch DICH und mit DIR
den Sinn des Lebens gefunden habe.
Bitte zeige DU mir den Weg
und bleibe bei mir alle Tage meines Lebens.
Amen.

Wer das bereits so oder so ähnlich gesprochen hat und es auch so von Herzen meint, der hat den wichtigsten Grundstein seines Lebens gelegt, der ist seinem himmlischen Vater entgegengelaufen, weg vom Schweinetrog hin zum Himmel. Dieser Mensch wird in dieser Welt immer noch Sorgen und Probleme haben, ja die dunklen Täler werden nicht weg sein; er wird aber nie mehr allein sein, weil er wieder in Beziehung lebt. Er ist ein neuer Mensch geworden, er wurde zum Kind Gottes. Er braucht nun Leitung und Gemeinschaft mit anderen, die auch Gott lieb haben. In einer Beziehung ist es wichtig, Zeit miteinander zu verbringen und viel miteinander zu reden. Wenn wir mit Gott reden, nennt man das Gebet. Beten ist das Atmen der Seele … und wie wichtig das Atmen ist, muss ich ja wohl keinem erklären. Es ist lebensnotwendig, und Beten ist ebenfalls lebensnotwendig.

Wer verliebt ist, ist neugierig. Stille deine Liebesneugier und lies die Bibel. Fang am besten mit dem Johannes-Evangelium an. Du wirst am Anfang bestimmt nicht gleich alles verstehen, lies aber bitte weiter. Ich verstehe heute sogar vieles noch nicht, aber in der Liebe ist Vertrauen. Kein Kind weiß immer, was sein Vater tut und denkt. Gemeinschaft mit anderen, Gebet und Gottes Wort werden dir guttun. Heilung wird ihren Lauf nehmen. Der Verwirrer bzw. Durcheinanderbringer wird sicherlich versuchen, dich zu bedrängen, doch sei unbesorgt.

Im Psalm 91 steht: „Du hast dir den Höchsten zum Schutz erwählt." Du bist an Papas Hand. Er ist der Stärkste, du bist nie allein … sei unbesorgt. Achte aber auf die Fallen, die der Feind dir stellen will; er wird dich an deinen wunden Punkten angreifen. Hast du Probleme mit Alkohol, dann kann es sein, dass alte Kumpels sich bei dir melden und „einen Trinken gehen" wollen. Ebenso ist es mit Drogen. Konntest du öfters Frauen bzw. Männern nicht widerstehen, dann wird er genau auf dieser Schiene kommen. Immer dort, wo wir meinen, einen Mangel zu haben, dort wird er uns versuchen. Bitte bete in diesen Momenten noch mehr. Bitte auch Freunde, für dich zu beten. Für jeden anscheinenden Mangel, den der Feind mit etwas Sündhaftem ausfüllen möchte, gibt es immer eine heilige Variante vom Höchsten selbst. Sollten wir dann der Versuchung erlegen sein, dann konfrontiert uns der Feind mit krankmachenden Schuldgefühlen, doch wir dürfen immer neu unsere Schuld zu Gott bringen. Jeden Tag, ja sogar jeden Augenblick. Zu Papa kann man immer kommen, egal, mit was, egal, wo. Er liebt es, zu vergeben.

Denn durch das Sterben Jesu am Kreuz sind wir erlöst, sind unsere Sünden vergeben. Und das verdanken wir Gottes unermesslich großer Gnade, mit der er uns so reich beschenkt hat (Eph 1,7).

Wenn wir aber unsere Sünden bereuen und sie bekennen, dann dürfen wir darauf vertrauen, dass Gott seine Zusage treu und gerecht erfüllt: Er wird unsere Sünden vergeben und uns von allem Bösen reinigen (1 Joh 1,9).

Aus diesem Wissen und mit dem Geschenk der neu gewonnenen Freiheit können wir andere beschenken. Wir dürfen ihnen schon jetzt ein Stück weit das Paradies – das Reich Gottes, das in uns ist – näher bringen, indem wir ihnen die Liebe Gottes zeigen.

Jesus spricht: „Euer Herz erschrecke nicht! Glaubt an Gott und glaubt an mich!" (Joh 14).

Ein Schrei nach Liebe

Während eines Schulprojektes fragte ich in der vollbesetzten Turnhalle die Schüler: „Was möchtet ihr am liebsten mit euren Mamas und Papas unternehmen?" Da brüllt ein 17-Jähriger aus der Menge: „Ich würde ihm am liebsten in die Fresse schlagen!" Entsetzen in der Turnhalle, ein kurzes Schweigen. Er sprach aus, was viele dachten. Nun äußerten noch andere ihre Gedanken. Ich war schockiert. So viele zerbrochene Familien, so viele Verletzungen, so viel Hass und Enttäuschung, aber auch so viel Sehnsucht nach dem Paradies, nach Liebe, nach Gott.

Ich ging freundlich auf den jungen Mann zu, nahm ihn nach vorne, gab ihm den besten Platz und bat ihn, mir genau zuzuhören, mit dem Herzen. Ich erzählte von den Wunden und Wundern meines eigenen Lebens. Er und die anderen waren sichtlich berührt. Da stand er nun vor mir, mit jeder Faser seines Körpers und seiner Seele nach Hilfe und Liebe schreiend. „Hast du deinen Papa vielleicht doch ein wenig lieb?", fragte ich ihn. Er konnte meinem Blick nicht standhalten und meinte: „Ja, vielleicht doch ein wenig." Ich ging noch näher zu ihm hin, legte meine Hände auf seine Schultern, schaute ihm tief in die Augen und fragte ihn: „Hast du deinen Papa lieb?" Unter Tränen gestand er: „Ja, ich habe meinen Papa lieb." ... Ja, Hass ist oft leichter auszudrücken als die

Sehnsucht nach Liebe. Wenn man es nicht vorgelebt bekommen hat, braucht es das Wunder der Liebe, diese Sprache zu sprechen.

Nach einem meiner Vorträge „Vater-Sehnsucht" kam ein etwa 60-jähriger Mann auf mich zu. Mit tiefbewegter Stimme gestand er: „Ich habe auch noch einen Papa; er ist 91 und liegt im Krankenhaus. Ich habe ihm noch nie gesagt, wie sehr ich ihn liebe. Ich weiß nun, was ich zu tun habe."

Da spürte ich einmal mehr, dass wir sein Reich, das Paradies schon in uns tragen, wenn wir ihn gewähren lassen. Wie wunderbar! Gott lebt in uns und wirkt durch uns. Weißt du auch, was du zu tun hast? Wo hast du diese Liebe noch nicht ausgesprochen? Worauf wartest du? Wie ich schon gesagt habe: Wer morgen nach Frieden sucht, lebt heute noch im Krieg.

Die letzte Chance

Nach einem Vortrag vor Frauen kam eine Frau auf mich zu. Sie war Erzieherin, so um die fünfzig. Eine tolle Frau, und doch sah ich Bitterkeit in ihren Augen.

Da es in meinem Vortrag um die Liebe zu unseren Vätern ging, sprach ich sie direkt an und fragte sie, wann sie ihrem Vater das letzte Mal gesagt habe, dass sie ihn lieb hat. Da meinte sie, noch nie, weil er es ihr auch noch nie gesagt habe. So wartet also jeder auf den anderen. Ich bat sie, den Anfang zu machen. Liebe fordert auch nie zurück, Liebe gibt! Natürlich ist es schön, wenn unsere Liebe erwidert wird, doch in der Liebe ist kein Zwang; Liebe ist Freiheit.

Nach einem intensiven Gespräch mit dieser Frau erkannte sie, wie wichtig dieser Gehorsamsschritt aus Liebe ist. Am selben Tag bekam ich kurz vor Mitternacht eine Mail von ihr. Sie hat es tatsächlich getan und es war befreiend. Ihr Vater erwiderte die Liebe und war sehr angetan von seiner Tochter, dass sie diesen mutigen Schritt gewagt hatte. Dann hörte ich einige Monate von der Frau nichts mehr, bis ich eines Tages eine Mail von ihr erhielt mit der Überschrift „Die letzte Chance".

Darin beschrieb sie mir, dass ihr Vater kurz nachdem sie ihm ihre Liebe zugesprochen hatte einen Herzinfarkt hatte und sie noch die Chance hatte, mit ihm zu beten. Ja, es war die letzte Chance, ihrem Papa „Ich hab dich lieb" zu sagen. Im Paradies ist alles voller Liebe. Jede Farbe, jeder Klang, jede Begegnung ... alles ist Liebe und bringt Liebe zum Ausdruck. Wer diesen lebensnotwendigen Satz sagt oder hört, der erfasst einen kleinen Hauch vom Paradies. Sehnsüchte werden somit ein klein wenig gestillt.

Es war die letzte Chance der Frau. Hast du deine Chancen schon genutzt? Oder hast du schon manche Chance verpasst? Jesus Christus ist nicht nur für alle bösen Taten und Worte gestorben, sondern auch für alle nicht geschenkte Liebe. Oh ja, ich glaube, darin besteht die Hauptschuld der Welt, nicht zu lieben. Auch diese „Schuld" dürfen wir dem geben, der für alles Unrecht bezahlt hat.

Nutze deine Chance! Am besten gleich jetzt. Gehe zu deinen Hausgenossen, greif zum Telefon oder gehe zum Nachbarn rüber! Worauf wartest du? Du machst es nicht? Oder morgen? Dann wirst du es mit hoher Wahrscheinlichkeit nie tun. Je länger wir warten, desto schwieriger wird es.

Tu es jetzt! Du wünschst dir eine bessere Welt? Komm, fang gleich selber damit an! JETZT!!!

Paradiesische Bettkante

Eines Tages nach einem Vortrag kam ein junger, stattlicher Mann zu mir. Ein großer, starker, gebildeter Kerl, und doch merkte ich, dass da so einiges nicht in Ordnung war. Also fragte ich ihn ganz direkt: „Wie läuft es mit deinem Papa?" Da war er, der wunde Punkt. Ich kam wohl mit dem geistigen Finger direkt in die Wunde. Er drehte sich zur Seite und versuchte seine Tränen zu verbergen. „Männer dürfen und müssen sogar weinen", sagte ich zu ihm.

Nun ließ er seinen Tränen freien Lauf und berichtete von seinen Sehnsüchten und der Bitterkeit seines Herzens. Er wohnte noch zuhause. Immer und immer wieder kam es zum Streit. Liebe Sätze gab es nicht und erst recht kein Lob. Ich bat den jungen Mann (Mitte zwanzig), er möge doch den ersten Schritt tun. Lange saßen wir noch zusammen, wir umarmten uns zum Abschied und ich sprach noch ein kleines Gebet mit ihm. Gebet ist das Gespräch mit Gott. Im Paradies, als wir noch in Beziehung mit Gott lebten, redeten wir Menschen ständig mit Gott. Das Gebet ist also auch eine Stillung der Sehnsucht „mit Gott reden". Am nächsten Morgen erreichte mich folgende Mail. Seine Anonymität bleibt dabei gewahrt, aber die Zeilen sollen ermutigen, einen ähnlichen Schritt zu tun.

Hallo Michael,

nach unserem Gespräch gestern bin ich unverzüglich nach Hause gefahren. Natürlich sind mir verschiedene Zweifel gekommen, und als ich daheim war, bin ich noch zwei-/dreimal in die Küche.

Ich hab mich dann aber aufgerafft und bin ins Schlafzimmer meiner Eltern gegangen, hab mich an die Bettkante zu meinem Vater gesetzt (zufällig ist er wach geworden) und hab ihm gesagt, dass es mir leid tut, was war, und dass ich ihn liebe.

Ich konnte dann meine Tränen nicht mehr zurückhalten und er hat mich in den Arm genommen und mir erwidert, dass er *mich liebt*.

Das zu wissen, war ein mega-geiles Gefühl!!!!!!!!!

Er hat halt gedacht, dass ich, da ich erwachsen bin, nicht mehr darauf oder auf ihn angewiesen bin.

Dann haben wir noch ein bisschen über alles mögliche geredet. Geredet wie schon lange nicht mehr. Ohne dass ich daran denken musste, was er getan hat oder nicht.

Ich danke Gott dafür, dass er dich gestern zu uns geschickt hat, dass er einfach durch dich mir klarmachen konnte, woran es mir gefehlt hat. Das hat mich alles so sehr belastet, auch wenn ich es mir nie habe anmerken lassen. Jetzt fühl ich mich einfach nur gut ☺

Ich weiß nicht, ob er jetzt damit aufhört mit dem, was er tut, oder sich ändert. Aber wie du gesagt hast, muss ich ihn annehmen, wie er ist, und ich weiß jetzt sicher, dass er mich liebt. Genau das hab ich gebraucht.

Gruß Peter (Name geändert)

Da war es, das Paradies. Auf der Bettkante mit Nähe, Liebe, Versöhnung, all dem, was unsere Sehnsüchte stillt. Wie oft verhindert der Feind mit süßen Worten das Paradies? Geh nicht, mach keinen Frieden, mach dich nicht lächerlich. Der andere muss den ersten Schritt tun usw.

Lass dich von niemandem abhalten, den guten Weg zu gehen. Bedenke, wir alle müssen einmal sterben – wir selbst und jene, die wir lieben, bzw. jene, mit denen wir dringend Frieden machen sollten.

Höre auf dein Herz und folge deiner Sehnsucht. Erlebe noch heute dein eigenes Wunder. Alles, was wir aus Liebe tun, kann nie verkehrt sein und bleibt in Ewigkeit.

Noch ein Wunder an der Bettkante

Falls du nun denkst, diese Geschichte wäre eine große Ausnahme, dann lass dir sagen, dass ich dir Hunderte solcher Geschichten erzählen könnte. Am besten hier gleich noch eine. Noch ein Wunder an der Bettkante. Das Erlebnis stammt ebenfalls von einem Mann Mitte zwanzig. Auch mit ihm hatte ich ein sehr intensives Gespräch. Kurz danach bekam ich folgende Zeilen per Mail von ihm:

Hi Michael,

Auf der Heimfahrt nach unserem Gespräch gestern, gingen mir unterschiedliche Gedanken durch den Kopf:
Bin ich nicht schon zu alt, um meinem Papa zu sagen, dass ich ihn lieb habe und stolz auf ihn bin und froh bin, dass ich ihn hab? Bringt das überhaupt etwas? Aber ich habe es trotzdem getan.
Meine Eltern haben schon geschlafen, als ich nach Hause kam. Ich hab das Licht angemacht, bin zu meinem Papa ins Bett und hab ihn in den Arm genommen und ihm gesagt, dass ich ihn lieb habe und dass es egal ist, was er alles falsch gemacht hat, und egal ist, was war, sondern nur die Zukunft wichtig sei.
Ich weiß schon gar nicht mehr, wie lange es her ist, dass mich mein Papa das letzte Mal so richtig in den Arm genommen hat.
Danach ging ich ins Bett und habe erst mal geweint und meinen Vater im Himmel um Vergebung gebeten, für all die Dinge, wo ich meinen Papa / meine Eltern nicht geehrt habe. Ich glaube, es war das erste Mal in meinem Leben, dass ich wieder so geweint habe wie ein kleiner Junge. Ich habe aus tiefem Herzen geweint, und nachdem ich um Vergebung gebeten habe und auch meinem Papa vergeben habe, richtig gespürt, wie mein Herz leichter wurde und sich etwas gelöst/verändert hat.
Ich habe es abgegeben an Jesus und bin jetzt frei davon.
Heute Nacht habe ich seit langem mal wieder tief geschlafen und vor allem durchgeschlafen, ohne auch nur ein einziges Mal aufzuwachen.
Dazu muss ich sagen, dass ich seit ungefähr zwei Monaten schlecht geschlafen habe.
Das ist genau die Zeit, seitdem mein Papa krankgeschrieben daheim ist.
Ich konnte abends nicht einschlafen, weil mir lauter Dinge durch den Kopf gingen und viele sich um meinen Papa drehten, er solle endlich wieder arbeiten und Geld verdienen gehen und nicht alles meine Mama machen lassen.

Ich kann es nicht richtig erklären, aber ich habe irgendwo tief in meinem Herzen eine tiefe Verbindung mit meinem Papa.

Als ich ihn früher kritisiert habe und zu ihm sagte, er solle dies oder das an sich oder den Umständen ändern, fühlte ich mich danach immer schlecht, wie wenn ich mir selber eine gegeben hätte.

Jetzt weiß ich, dass es ein für alle Mal vorbei ist. Ich habe ihm vergeben und weiß, dass mir vergeben ist.

Mir ist es so leicht ums Herz wie noch nie.

Ich möchte mich bei dir nochmal herzlich bedanken, für alles, was du getan und gesagt hast, und auch dafür, dass ich dir dies hier schreiben kann. Ich hatte nie jemanden, dem ich dies alles sagen konnte, was mir auf dem Herzen liegt. Dies ist gewissermaßen auch eine „Gebetserhörung" für mich, denn ich habe unseren Vater im Himmel öfters gefragt, wem ich dies alles mitteilen kann, und hatte nie das Vertrauen oder die Freiheit, jemandem aus meiner Familie (Mama oder Geschwister) oder dem Jugendkreis dies anzuvertrauen. Und dann kamst du.

Ein richtig FETTES Danke an dich, Michael. Es ist fantastisch, dass es dich gibt und ich dich kennenlernen durfte.

Du bist für mich ein Vorbild geworden und hast mir ganz neuen Mut gegeben, meinen Glauben offen zu leben und mich zu Jesus zu bekennen.

Unser Vater im Himmel ist stolz auf dich, denn du sagst den Menschen genau das, was er ihnen sagen möchte, und nicht das, was sie hören wollen. Du bist ein klasse Typ.

Ich wünsche dir und deiner Familie Gottes Segen und unendlich viel schöne und gemeinsame Zeit.

Grüße Stefan (Name geändert)

„Du willst ein Wunder? Sei selbst das Wunder!" Dieser liebevolle Slogan ist des Öfteren im Film „Bruce Allmächtig" zu hören. Aber genau so ist es, gemäß dem Motto: „Es geschieht nichts Gutes, außer man tut es."

In den genannten Berichten ging es darum, dem Herzen, der Liebe zu folgen. Der Verstand sagte den Männern all die Jahre etwas anderes. Hier geht es aber um das Herz. Die Sehnsucht der jungen Männer wurde gestillt, auch aus der Hoffnung heraus, dass Gott sie begleitet und unterstützt. Sie alle wurden glücklich, weil sie auf Gott vertrauten.

Es gibt viele, die das Glück versprechen. Da gibt es Glücksbringer, Glückssteine, ja sogar Glückskekse. Die Sehnsucht nach Glück ist letztlich nur unsere Sehnsucht nach dem Paradies. Dort waren wir wirklich glücklich. Dort brauchten wir keine Glücksbringer, da wir in enger Beziehung mit dem Glück selbst lebten. Sei vorsichtig, wenn man dir das Glück verspricht. Dort, wo man Gott ablehnt, ist kein Glück, dort kann es gar keines geben. Gott nahe zu sein ist unser aller Glück.

Wer Gott vertraut findet bleibendes Glück (Spr 16,20b).

Zuverlässige Menschen haben Glück und Erfolg ... " (Spr 28,20).

Wie glücklich ist, wer ganz auf den Herrn vertraut und sich an keine anderen Mächte bindet, die nur in die Irre führen (Ps 40,5).

Wie glücklich sind alle, die Gott ernst nehmen (Spr 28,14).

Wie glücklich ist ein Mensch, der Freude findet an den Weisungen des Herrn, der Tag und Nacht in seinem Gesetz liest und darüber nachdenkt (Ps 1,2).

„Glücklich sind die Menschen, die auf Gott vertrauen." Wie tief doch dieser Vers in meinem Herzen ist! Ja, ich habe in meinem Leben selbst einiges durchgemacht und war mit Sicherheit nicht immer glücklich, auch heute noch nicht. Doch auch in den dunklen Stunden durfte ich erleben, nie allein zu sein, sondern getragen zu werden. Ich war glücklich, zu wissen, dass mein Weinen und Klagen nicht ins Leere geht. Vor Kurzem berichtete mir ein Pastor von seinen Erlebnissen mit Sterbenden. Oft war bei jenen, die Gott ihr Leben lang abgelehnt hatten, eine tiefe Verzweiflung da. Kurz bevor der Tod kam, griffen sie nach dem Bettlaken, einer Lampe, dem Nachtkästchen oder nach einem Menschen. Ja, sie griffen nach allem, was sie in diesem Leben noch greifen konnten. Man sagt von Lenin, dass er Tisch- und Stuhlbeine umklammerte und um Vergebung schrie. Sie alle lebten in diesem Leben ohne Gott und hatten große, ja sehr große Furcht, das nächste, das ewige Leben auch ohne Gott verbringen zu müssen. Nein, ich gehöre nicht zu den Panikmachern, die mit der Hölle drohen. Ich gehöre zu denen, die mit der frohen Botschaft werben, dem Evangelium, der guten Nachricht. Wir alle können heute noch das Geschenk der Versöhnung annehmen und Frieden mit Gott haben.

Da wir nun gerecht geworden sind durch den Glauben, haben wir Frieden mit Gott durch unsern Herrn Jesus Christus; durch ihn haben wir auch den Zugang im Glauben zu dieser Gnade, in der wir stehen, und rühmen uns der Hoffnung der zukünftigen Herrlichkeit, die Gott geben wird (Röm 5,1).

Dagegen sah der Pastor Menschen, die auf Gott vertrauten, ganz anders sterben. Viele schliefen total friedlich ein. Manche sogar mit einem Lächeln auf dem Gesicht.

Hier ein paar Beispiele, mit welchen Worten berühmte Menschen, die auf Gott vertrauten, aus dem Leben schieden:[1]

Mary Baker Eddy	„Gott ist mein Leben." – 3. Dezember 1910
Henry Ward Beecher	„Jetzt kommt das Geheimnis." – 8. März 1887
Jakob Böhme	„Nun fahre ich hin ins Paradies!" – 17. November 1624
Anne Boleyn	„Jesus Christus empfehle ich meine Seele. Herr Jesus, empfange meine Seele. Oh Gott, hab Erbarmen mit meiner Seele." – 19. Mai 1536

---

[1] Quelle: Wikiqote.

117

Lucrezia Borgia	„Ich gehöre Gott, für immer." – 24. Juni 1519
Fjodor Dostojewski	„Hast du verstanden? Halte mich nicht zurück! Meine Zeit ist gekommen, ich muss sterben!" – 9. Februar 1881; zu seiner Frau Anna, die er bat, eine Stelle aus der Bibel vorzulesen, die er zufällig aufgeschlagen hatte: *Und Jesus sprach zu Johannes: Halte mich nicht zurück* (Mt 3,14-15).
Jonathan Edwards	„Vertraue auf Gott und du brauchst dich nicht zu fürchten." – 22. März 1758
Lamoral Graf von Egmond	„Herr, in deine Hände befehle ich meinen Geist." – vor seiner Hinrichtung, 5. Juni 1568
Michael Faraday	„Ich werde bei Christus sein, das genügt mir." – 25. August 1867, auf die Frage, ob er schon darüber nachgedacht habe, was er in der nächsten Welt machen werde.
George Fox	„Alles ist gut; der Samen Gottes herrscht über alle und selbst über den Tod. Und obgleich mein Körper schwach ist, ist die Stärke Gottes über allen, und der Samen regiert über alle ungeordneten Geister." – 13. Januar 1691
Heinrich IV. von England	„Lobgesänge für den Vater im Himmel, denn jetzt weiß ich, dass ich hier in diesem Raum sterben werde, wie es mir in der Prophezeiung kundgetan wurde, dass ich in Jerusalem aus diesem Leben scheiden werde." – 20. März 1413; er wurde vor einer geplanten Jerusalemreise gewarnt, weil er dort sterben werde, starb aber in einem Gemach, das auch den Namen Jerusalem trägt.
Johannes Paul II.	„Lasst mich in das Haus des Vaters gehen." – 2. April 2005
Karl der Große	„In deine Hände, Vater, befehle ich meinen Geist." – 28. Januar 814
Bernhard Weiß	„Ich gehe fröhlich in den Tod, mit Gottvertrauen." – 29. Juli 1951

Während ich an diesem Buch schrieb, verstarb ganz plötzlich der Vater eines Freundes. Er fiel mit 52 Jahren um und war tot. Er vertraute im Leben auf Gott, so wie die ganze Familie auf Gott vertraut. Jonas schrieb seinem Vater wenige Tage nach der Beerdigung ein Gedicht, welches ich hier veröffentlichen darf. Dazu hat er noch einige wertvolle Zeilen geschrieben, die ich nun mit dir teilen darf. Lies diese Zeilen mit dem Herzen.

Hallo Michael,

Es ist wohl das dunkelste Tal unseres bisherigen Lebens, welches meine Familie und ich im Moment durchwandern. Der Schmerz ist unbeschreiblich groß und die Trauer lähmt uns alle. Der Verlust ist riesig und der Schatten über uns vertreibt das Licht der Sonne.
Doch in aller Dunkelheit ist es die Gewissheit, dass Jesus den Tod besiegt hat, die uns Frieden, Licht und Hoffnung gibt und uns in dieser schrecklichen Zeit trägt.
Mein Vater ist ein Kind Gottes und ein Nachfolger Jesu.
Durch Jesu Tod am Kreuz lebt mein Vater.

„Denn so sehr hat Gott die Welt geliebt, dass er seinen einzigen Sohn gab, damit alle, die an ihn glauben, nicht verloren gehen, sondern das ewige Leben haben."
„Denn Gott hat seinen Sohn nicht in die Welt gesandt, dass er die Welt richte, sondern dass die Welt durch ihn gerettet werde."
Jesus spricht: „Ich bin die Auferstehung und das Leben; wer an mich glaubt, wird leben, auch wenn er gestorben ist."

Ich habe meinem Vater als Abschied von dieser Erde ein Gedicht geschrieben:

In aller Trauer sag ich dir, nur der Verlust tut weh.
Doch Freude wird erscheinen, wenn wir uns wiedersehn.

Und unsren Schöpfer preisen, zusammen – ewiglich.
Da unser Leben hier auf Erden irgendwann erlischt.

Doch Leben hat gesiegt durch Gottes heiligen Sohn!
Meinem Leib und meiner Seele tut dies Erkennen wohl!

Und ist mein Herz auch schwer, so weiß ich, wo du bist.
Auch wenn dein Lebensodem von dieser Erde wich.

Doch nun wird nie mehr sein der Tod dort, wo du bist.
Und jede Träne wird – an dem Ort abgewischt.

Ja, ich weiß dich geborgen und froh in Gottes Hand,
Und freu mich, dich zu sehen in Gottes Himmelsland.

Und hier auf Erden führen wir dein Erbe für und für.
So wie es dir, mein Vater, auf dieser Erde gebühr.

Du reichst den Stab nun weiter. Und wir nehmen ihn auf.
Und werden auch vollenden den unsren Lebenslauf.

Niemals vergessen – für immer geliebt

Wir wünschen niemandem einen solch großen Schmerz. Doch den Trost, die Zuversicht, die Hoffnung, die Liebe und das Leben durch Jesus Christus wünschen wir euch allen. Jesus ist auch für dich gestorben. Damit du lebst, auch wenn du stirbst.

Seid gesegnet.

Gruß Jonas

Mir fehlen die Worte. Mit allem, was ich jetzt schreibe, werde ich diesen Zeilen nicht gerecht. Hier ist die Gewissheit auf das Paradies. Mitten im Schmerz, in all den Tränen, der Sehnsucht und der Trauer.

Worauf liegt dein Fokus? Wenn ich als Schiffbrüchiger auf offenem Meer treibe und aus einem Helikopter streckt sich mir eine rettende Hand entgegen, dann steht nicht mehr die Drohung des Meeres mit all seinen Schrecken in meinem Fokus, sondern meine Freude über die nahe Rettung wird größer sein als die Gefahr des Ertrinkens und die Bedrohung durch Haie. Dann richtet sich mein

Fokus allein auf die Hand, die sich mir von oben entgegenstreckt und mir Leben und Sicherheit garantiert. Worauf richtest du deinen Blick? Jesus ist diese rettende Hand.

Wie oft drohen wir in einem Meer von Schuld und Versagen zu versinken? Wie kalt es doch in der Welt geworden ist und wie viele Haie nach uns schnappen. In so ziemlich allen Religionen muss der Mensch sich selbst finden, retten und erlösen. Er muss eine Leistung vollbringen! Wie lange müsste er da strampeln im Meer? Wie lange könnte er das überhaupt? Nein, das eigene Rudern und Strampeln wird uns nichts nützen, gar nichts! Auch sämtliche Glücksbringer, Karten, Energiearmbändchen und Horoskope helfen nicht vor dem Ertrinken und all den anderen Bedrohungen. Keiner, der mit mir im Meer ums Überleben kämpft, könnte mich retten, auch nicht einer, der aus der Tiefe kommt – nur einer, der von oben kommt. Nur einer, der von oben die Weite des Meeres überblickt und sämtliche Schrecken von dort aus sieht, der kann helfen. Mitten in all den Gefahren des Lebens streckt sich uns Gottes Hand aus dem Himmel entgegen. Wie wunderbar! Rettung ist da! Das Meer wird uns nicht verschlingen. Die Kälte wird uns nicht lähmen und die Haie werden ins Leere schnappen. Wir sind frei! Gerettet! Jesu Name ist Programm, denn Jesus bedeutet übersetzt „Rettung"!

Während ich dieses Kapitel schreibe, durfte ich einen Mann kennenlernen, dessen Frau im Sterben liegt. 57 Jahre sind sie verheiratet. Sie liegt im Krankenhaus. Wenn du diese Zeilen liest, wird sie schon bei Gott sein. Es war ein alter und vor Trauer gebeugter Mann. Ich erfuhr von seinem Leid und ging nach einem Vortrag zu ihm. Er weinte bitterlich. Es rührte mich sehr, diesen alten, liebevollen Mann weinen zu sehen. Seine Tränen liefen übers ganze Gesicht und einige sammelten sich an seiner Nasenspitze, was seinem Gesicht eine besondere, liebevolle Note gab. Ich fragte den Mann, ob er und seine Frau auf Gott vertrauen. Dazu meinte er: „Wir haben unser ganzes Leben auf ihn vertraut und werden das im Sterben auch tun. Er wird abwischen alle Tränen."

Es war bewegend, seine Stärke, sein Treue und seine Liebe zu Gott und zu seiner Frau zu sehen. Bevor ich ging, beteten wir gemeinsam, Arm in Arm. Nähe, Vertrauen und das Gespräch mit Gott … auch hier im Angesicht des Todes. All das durfte ich mit dem trauernden alten liebevollen Mann erleben – auch dies ein Stück von dem, was das Paradies ausmacht. Ich durfte von ihm lernen. Ich bin sehr dankbar dafür. Ich wurde reich beschenkt von dem Mann und von Gott selbst. Diese Begegnung fand im Anschluss an ein „Armenfrühstück" statt. Ich begegnete jedoch einem wirklich reichen Mann. Reich in Gott, denn Gott ist sein Anker, sein Trost, seine Hoffnung, sein Leben, auch wenn der Tod sich nähert.

Der VfB-Fan und der wiedergewonnene Vater

An einem Samstag fuhr ich mit Freunden zu einem Wochenendeinsatz in einer Gemeinde.

Nach einiger Zeit hatten wir das Bedürfnis, eine Kleinigkeit zu essen. Normalerweise mache ich kurz Pause auf einem Rastplatz, diesmal aber sagte mein Herz „Geh zu McDonalds" (dies soll keine Werbung für dieses Unternehmen sein). So verließen wir die Autobahn, fanden jedoch nicht unser Ziel, stattdessen verfuhr ich mich … wie so oft. Da kam der erste Einwand von meiner Kollegin mit der Bitte, woanders zu essen – „NEIN" sagte ich, „wir müssen zu McDonalds." Ich konnte das nicht erklären, ich folgte meinem Herzen. Als wir dann endlich dort waren und unser Essen einnahmen, ging die Tür auf und es kam ein Bekannter, ein Pastor aus Nürnberg auf uns zu und war restlos begeistert, uns zu treffen. Auch er hatte es im Gefühl gehabt, dort essen zu gehen, und auch er hatte sich an derselben Stelle verfahren wie wir. Wir hatten mit ihm und seiner Frau wunderbare und wertvolle Gespräche.

Während wir dort so verweilten, fiel mir ein Hooligan auf. Es waren viele Leute da, aber in meinem Herzen spürte ich, ich sollte mit diesem VfB-Stuttgart-Fan reden und ihn beschenken. Also betete ich, dass Gott mir doch eine Tür aufmachen möge. Das tat er buchstäblich, denn als ich das Lokal verließ, gingen wir zeitgleich zur Tür. Ich drehte mich zu ihm um, lächelte ihn an und öffnete ihm die Tür. Freundlich blickte er mich an und dann sagte ich zu ihm: „Darf ich als Bayern-Fan dir dem VfBler etwas schenken?" Er lächelte und meinte „Warum nicht?"

Als wir zu meinem Auto liefen, sagte ich: „Ich schreibe Bücher über Väter. Über Väter, die in dieser Welt nicht mehr da sind, und über Väter, die verletzen und demütigen, und über Söhne, die mit ihren Vätern gebrochen haben." Stumm und berührt standen wir an meinem Kofferraum und dann sagte ich einer plötzlichen Eingebung folgend: „Du hast mit deinem Vater gebrochen – stimmt's?" Tränen füllten seine von Sehnsucht gezeichneten Augen und er sagte mit berührter Stimme: „Ja, vor vielen Jahren, er hat mir einfach zu viel angetan." Ich erzählte ihm, dass ich von ganzem Herzen auf Gott vertraue und dass er unbeschreiblich von Gott geliebt ist. Da standen nun der VfB-Fan und der Bayern-Fan, aber längst ging es nicht mehr um Fußball, sondern um seine unerfüllte Vatersehnsucht. Beide hatten wir Tränen in den Augen. Ich war an diesem Nachmittag meinem Herzen und nicht meinem Verstand gefolgt. Ich umarmte ihn, einen mir völlig fremden Menschen und er mich. Wir beide kannten uns erst seit drei Minuten. Es war eine unbeschreibliche Begegnung.

Am selben Abend hielt ich einen Vortrag in dieser Gemeinde und während des Vortrags weinten einige. Es ging um Vergebung und Versöhnung. Ich erzählte auch von der Begegnung auf dem Rastplatz. Dann fiel mir ein etwa 50-jähriger Mann auf, eine tolle Erscheinung. Ich hatte das Gefühl, ich sollte mit ihm reden. Er war ein Typ Mann, den man auch für einen Minister hätte halten können. Nach dem Vortrag ging ich zu ihm hin und fragte ihn, wann er seinem Vater das letzte Mal gesagt habe, dass er ihn liebt? Er meinte, das könne er nicht sagen, es sei zu vieles passiert und er liebe ihn nicht. Sie könnten zwar miteinander reden, aber nicht über Liebe. Wir hatten ein kurzes, aber intensives Gespräch. Am Ende des Tages legte ich alles Gesprochene und alle Begegnungen in Gottes Hände.

Am nächsten Morgen hatte ich in dieser Gemeinde noch einen Vortrag. Kurz vorher kam der Mann auf mich zu mit folgenden Worten: „Nun folge ich meinem Herzen und möchte dir Folgendes sagen: Gestern rief ich meinen Vater an und sagte ihm zum ersten Mal in meinem Leben, dass ich ihn lieb habe. Gestern Nacht habe ich meinen Vater nach 50 Jahren gewonnen und dafür möchte ich dir danken. Du hattest gesagt: Folge stets deinem Herzen; auch wenn Angriffe und Ablehnung kommen, folge deinem Herzen. Dadurch habe ich meinen Vater gewonnen und er seinen Sohn!" Während des Gottesdienstes ging er auf die Knie und erzählte der ganzen Gemeinde von seiner „Befreiung" und von seinem Geschenk.

Nun sitze ich hier und erinnere mich daran, dass ich damals, während ich an meinem Kofferraum mit dem Hooligan stand, und auch am nächsten Morgen beim Gottesdienst Tränen in den Augen hatte. Stets folgte ich meinem Herzen, und das tue ich jetzt auch. Du sollst es wissen, was passiert, wenn man Gott vertraut und dem Ruf seines Herzens folgt: Wunder geschehen! Die Welt wird uns vielleicht verachten und ablehnen, weil sie alles mit dem Verstand erklären will und nicht mehr an Wunder glaubt. Sie hat vergessen, wie wunderbar Gott uns gemacht hat und dass wir zu seiner Ehre leben.

Folgt eurem Herzen, denn dort wohnt Gott. Wir haben das Paradies schon in unserem Herzen.

Ich könnte noch Hunderte Geschichten erzählen, so viel durfte ich schon erleben. Ich hoffe, dieses Buch trägt dazu bei, dass weitere Wunder hinzukommen. Ich werde davon in meinem Leben vielleicht nichts erfahren, aber ich bin mir ganz sicher, dass eines Tages alle Sehnsüchte gestillt und alle Fragen beantwortet werden.

Gedanken von anderen

Meine Sehnsucht ist, in Gottes Paradies zu Hause zu sein.

Gotthilf Fischer, 85 Jahre, deutsche Chorleiter-Legende

Geborgenheit ist ein Urbedürfnis jedes Menschen. Erst mit dem Mut, Gott im Alltag zu erleben, indem man einfach mehr an Umständen zulässt, erfährt man eine Erweiterung der Persönlichkeit.

Bei Gott gibt es keine Zufälle.

Wer hier anderen Menschen Zuwendung und Liebe gibt, der wird nach und nach spüren, wie es sich anfühlt zu leben.

Wer frei ist, der kann leben. Wer in der Liebe ist, der ist in der Wahrheit, und diese macht ihn frei.

Das ist ein Vorgeschmack aufs Paradies

Ephraim Albrecht, Michelau

Das Paradies ist für mich der Ort, wo jeglicher Schmerz, jedes Leid ein Ende hat, es ist der Ort, wo wir gemeinsam mit Jesus sein werden. Jesus immer in der Nähe, das ist der schönste Gedanke an das Paradies.

Patrick Calza, 34 Jahre, Hamburg, Krankenpflegehelfer

Angekommensein, Richtigsein, Willkommensein, Leichtigkeit, Wärme, ja und Liebe. Es ist alles GUT, du bist gewollt, Frieden im Herzen mit mir und den Menschen und auch Gott!!! Lachen, Glücklichsein, Freude! Ja, ich glaube dieses Angekommensein und Angenommensein, das heißt es für MICH. Dabei fällt mir auf, dass es Jesus ist, der das alles gibt, der das alles ist und sein wird!!!! Irgendwie ist es mir grade nicht wichtig, was in der Ewigkeit geschieht, das sprengt meine Vorstellungskraft:-) Aber mein Heute, mein Heute bewahrt, geführt und behütet durch und mit Jesus! Halleluja, danke! Da flieht die Angst und wird ganz klein, weil ich geborgen bin und Vertrauen habe.

Heike Maile, 51 Jahre, Erzieherin, Ellwangen

KAPITEL 8

„Es ist vollbracht!"

Lange hab ich an diesem Kapitel herumgedoktert. Ich wusste weder, wie ich einsteigen sollte, noch hatte ich eine geeignete Überschrift gefunden. So nehme ich einfach die letzten Worte Jesu: *„Es ist vollbracht!"* (Joh 19,30).

„Es ist vollbracht" bedeutet für mich persönlich auch: „Alles ist wieder gut."

Wie froh war ich als Kind, nachdem ich etwas angestellt hatte und mir Strafe oder sonstiger Ärger drohte, wenn dann jemand kam und sagte: „Hey, alles ist wieder gut."

Bei meiner Tätigkeit in Kindergärten, Schulen und Heimen und auch bei Suchtkranken und Obdachlosen habe ich so manches Leid gesehen und viele Konflikte hautnah miterlebt. Wie oft konnte ich dann mit diesem Satz trösten: „Alles ist wieder gut." Alles!

Erinnern wir uns kurz mal wieder an unseren Feind, den Teufel. Als er Jesus in der Wüste versuchte, versprach er ihm „ALLES". Sein „Alles" ist ein anderes „Alles" als das, was Jesus uns verspricht. Sehr oft bin ich in meinem Leben verletzten Menschen begegnet, nach Schlägereien, Unfällen und sonstigem Leid. Oft war dieser Satz dann ein Neuanfang.

Ja genau darum geht es, neu anzufangen.

> *Ist jemand in Christus, so ist er eine neue Kreatur; das Alte ist vergangen, siehe, Neues ist geworden* (2 Kor 5,17).

Jesus war einzigartig. Seine Geburt, sein Leben, seine Güte, sein Feuer, seine Einsamkeit, seine Ängste, sein Leiden, seine Auferstehung – er und alles, was er tat, war einzigartig. Kommen wir nun aber zum Finale bzw. dem Ende seines Lebens. Es ist hier jedoch nicht das Ende, sondern der Beginn, ein Neuanfang.

Jesus suchte noch ein letztes Mal die Tischgemeinschaft mit seinen Freunden.

Und er (Jesus) sprach zu ihnen: Ich habe mich sehr danach gesehnt dieses Mahl mit euch zu essen, ehe ich leide (Lk 22,15).

Es ist seine Sehnsucht, mit uns an einem Tisch zu sitzen. Gott hat Sehnsucht danach, mit dir und mir an einem Tisch zu sitzen. Nachdem wir einst das Paradies verlassen mussten, waren wir einsam, und nun rennt Gott, der Herr, uns hinterher und sehnt sich danach, mit uns an einem Tisch zu sitzen, um seine eigene Sehnsucht nach dir und mir zu stillen. Er bringt alles zurück, was verloren gegangen ist. Er heilt alles, was krank ist. Er schenkt Leben, wo Tod ist. Er bringt Heil, wo Unheil ist. Er schenkt Tischgemeinschaft und Freundschaft, wo Einsamkeit ist, und Vertrauen, wo Misstrauen herrscht.

Während sie aber aßen, nahm Jesus Brot und segnete, brach und gab es den Jüngern und sprach: Nehmt, esst, dies ist mein Leib! Und er nahm einen Kelch und dankte und gab ihnen den und sprach: Trinkt alle daraus! Denn dies ist mein Blut des Bundes, das für viele vergossen wird zur Vergebung der Sünden (Mt 26,26-28 ELB).

In allem, was ich hier schreibe, kommt meine kindliche Liebe zu Gott zum Vorschein. Millionen Menschen mögen das alles besser deuten und erklären als ich. Ich habe keine Theologie studiert, ich habe Gott einfach „nur" lieb. Ich bitte um Nachsicht, wenn ich der tiefen Bedeutung des Textes nicht gerecht werde. Für mich zählt einzig und allein die Liebe. Ich kann nicht mehr geben als mein Bestes, den Rest muss Gott machen. Selbst wenn ich mein Bestes gebe, ist dieses von ihm. Jesus bricht das Brot. Er teilt, er versorgt, er spendet Leben. Wenn wir das Abendmahl zu seinem Gedächtnis halten und das Brot brechen, so mögen wir uns daran erinnern, dass sein Leib für uns alle gebrochen wurde. Sein Blut wurde vergossen! Wie wahr. Er verlor sehr viel Blut bei der Geißelung und dann später bei der Kreuzigung selbst. Ja, sogar bereits im Garten Gethsemane.

Und er (Jesus) rang mit dem Tode und betete heftiger. Und sein Schweiß wurde wie Blutstropfen, die auf die Erde fielen (Lk 22,44).

Er hatte Todesängste und schwitzte Blut. Mit den Worten „Was für ein Mensch!" („ecce homo") stellte der Stadthalter Pilatus ihn dem Volk vor.

- „Seht, welch ein Mensch!" (LUT)
- „Seht, da ist der Mensch!" (REÜ)
- „Hier ist er, der Mensch!" (NLB)
- „Seht ihn euch an, diesen Menschen!" (HFA)
- „Da, seht ihn euch an, den Menschen!" (GNB)

Such dir irgendeine Übersetzung aus. Jesus ist nicht Mensch geworden wie wir, sondern wir sollten Mensch sein wie er! Was für eine einmalige Liebe. Liebe, die bereit ist, alles zu geben, wirklich alles.

Ich gebe euch jetzt ein neues Gebot: Ihr sollt einander lieben! Genauso wie ich euch geliebt habe, sollt ihr einander lieben! An eurer Liebe zueinander werden alle erkennen, dass ihr meine Jünger seid (Joh 13,34).

Füreinander aus Liebe einstehen, das ist seine Aufforderung an uns. Ich denke dabei spontan an den Unfall meiner Frau und meiner Tochter. Tausende Menschen standen mit ihrem Gebet für uns ein. Viele kümmerten sich um meine Arbeit, damit ich entlastet wurde. Menschen kochten, bügelten, erledigten den Haushalt und umsorgten uns mit tausend kleinen Dingen. Familie und

Freunde kümmerten sich um meine kleine Tochter, um mich zu entlasten. In Liebe füreinander einstehen. Jesus hat genau dies getan, in Liebe ist er für dich, mich und für die ganze Welt eingestanden. Es muss unbeschreiblich schrecklich für ihn gewesen sein, Blut aus Angst zu schwitzen. Unter hohem emotionalem Stress können winzige Kapillaren in den Schweißdrüsen aufbrechen und sich auf diese Art Blut mit Schweiß mischen.

Kurz nach dem Gebetskampf im Garten Gethsemane wurde Jesus gefangen genommen. Judas, einer seiner Jünger, verriet ihn. Er machte gemeinsame Sache mit denen, die Jesus ablehnten, denen Jesus ein Dorn im Auge war.

Als Jesus das geredet hatte, ging er hinaus mit seinen Jüngern über den Bach Kidron; da war ein Garten, in den gingen Jesus und seine Jünger. Judas aber, der ihn verriet, kannte den Ort auch, denn Jesus versammelte sich oft dort mit seinen Jüngern. Als nun Judas die Schar der Soldaten mit sich genommen hatte und Knechte von den Hohenpriestern und Pharisäern, kommt er dahin mit Fackeln, Lampen und mit Waffen. Da nun Jesus alles wusste, was ihm begegnen sollte, ging er hinaus und sprach zu ihnen: Wen sucht ihr? Sie antworteten ihm: Jesus von Nazareth. Er spricht zu ihnen: Ich bin's! Judas aber, der ihn verriet, stand auch bei ihnen. Als nun Jesus zu ihnen sagte: Ich bin's!, wichen sie zurück und fielen zu Boden (Joh 18,1-6).

Jesus wurde gefangen genommen. Ich denke, er ließ das zu, um uns aus unserer Gefangenschaft zu befreien. Er wird uns wirklich in allem gleich, außer in der Sünde. Sünde ist nichts anderes als eine Lieblosigkeit gegen Gott. Wo Gott nicht ist, ist die Hölle. In jeder Lieblosigkeit, also in jeder Sünde zeigt die Hölle ein Stück ihres Gesichtes. Lügen, Untreue, Neid, die Eltern nicht ehren … sind bereits ein Teil der Hölle, dem Ort, wo die Liebe nicht ist. Lieblosigkeit herrscht dort. Jede Sünde ist eine Rebellion gegen Gott, gegen die Liebe selbst. Sünde hält uns gefangen. Jesus ließ sich einfangen, gefangen nehmen ... so, wie wir gefangen sind. „Ecce homo" – „Seht, welch ein Mensch!"

Ich lese in der Bibel von einer Schar Soldaten und von Knechten der Pharisäer und Hohepriester. Sehr verwunderlich. Wenn ich mich in der Gesellschaft so umhöre, erfahre ich, was die Welt so über Jesus denkt. Ich bekomme die abenteuerlichsten Antworten:

- ein Religionsstifter
- ein weiser Lehrer
- ein harmloser Prediger
- ein sanfter, charismatischer Typ

Sogar noch ganz andere Bezeichnungen hört man so, wenn man seine Ohren spitzt. Viele der Beschreibungen finde ich irreführend (vielleicht war hier schon wieder der Verwirrer am Werk). Wenn Jesus wirklich ein harmloser Prediger in Sandalen war, ein netter Religionsstifter, warum dann so ein Großaufgebot von Soldaten und Knechten? Ich habe ja einige Jahre im Sicherheitsdienst hinter mir und erlebte so manche Auseinandersetzung. Sehr oft musste ich die Polizei rufen. Mir begegneten verwirrte Personen, die bis auf ein paar wildere meist ganz und gar harmlos waren. Doch niemals kam eine „Schar" von Polizeibeamten. In manchen Übersetzungen liest man sogar von einer „großen Schar". Wie dem auch sei, sie rechneten damit, einem Mann mit gewaltiger Kraft, Stärke und Mut zu begegnen. Allein beim Schreiben dieser Zeilen bin ich begeistert von diesem „wunderbaren Mann", dem Mann, der vor Angst Blut schwitzte und vor dem die Mächtigen dieser Welt zittern. Ich bin begeistert von dem demütigen Diener, der so liebevoll anderen die Füße wäscht, für den man aber eine kleine Armee braucht, um ihn in Ketten zu legen. Was für ein Mann! „Ecce homo" – was für ein Mensch!

Jesus fragte: „Wen sucht ihr?" Natürlich wusste er, wen sie suchten, er wusste es von Anbeginn der Welt. So wie er auch wusste, dass Petrus ihn lieb hatte, obwohl er ihn dreimal fragte: „Hast du mich lieb?" Ich glaube, er möchte, dass wir die Dinge klar benennen, Position beziehen, Klartext sprechen. Die Soldaten antworteten ihm auf seine Frage, wen sie suchten: „Jesus von Nazareth", und Jesus gibt sich zu erkennen: „Ich bin es." Atemberaubend, was dann geschah: „Sie wichen zurück und fielen zu Boden."

Das ist gewaltig! „Sie", also die Schar von Soldaten, die kleine Armee, wich zurück und fiel zu Boden, weil der liebevollste Mann in der Geschichte der Menschheit sich zu erkennen gab. Weil das Paradies sich zu erkennen gab. Weil die Liebe sich zu sich selbst und zu allem, was lebt und atmet, bekennt. Eine kleine Armee weicht zurück, weil die Liebe spricht. Alles Böse wird weichen und fallen, wenn er da ist. Alle Mauern werden zusammenbrechen, wenn er nur ein Wort spricht. Wie stark muss der Klang seiner Stimme gewesen sein. Was für eine Stimme:

- die Stimme, die ohne Mikrophon zu Tausenden sprach,
- die Stimme, die einem toten Mädchen zuflüsterte *„Talita kum"* (d. h. „Steh auf, mein Mädchen") und es damit auferweckte,
- die Stimme, die gerufen hatte: „Lazarus, komm heraus!" und einen Toten wieder lebendig machte, der schon tagelang im Grab war,
- die Stimme, die Wasser in Wein verwandelte,
- die Stimme, der Sturm und Wellen gehorchten,
- die Stimme, die Gott den Vater ehrte,
- die Stimme, der Schwachen, Armen, der Ausgestoßenen und Verlassenen.

Was für ein Mensch und was für eine Stimme! Welch ein Klang muss sie gehabt haben, welche Güte und was für ein Feuer, dass eine kleine Armee zurückweicht und fällt.

Jesus aber sprach zu ihm: Judas, verrätst du den Menschensohn mit einem Kuss? (Lk 22,48).

Sehr oft habe ich in meinen Ausführungen darauf hingewiesen, dass Jesus immer wieder die Nähe zu uns gesucht hat. Nun lässt er sich sogar küssen als Erkennungszeichen für jene, die zurückwichen und fielen. Ein Kuss als Krönung des Verrats!

Als der verlorene Sohn zurückkehrte, da fiel sein Vater ihm um den Hals und küsste ihn. Es war die Besiegelung der Wiedergutmachung, der Annahme. Das war der Kuss, den Jesus da erhielt, nicht, und doch ließ Jesus diese Nähe zu. Kurz zuvor hatte er noch gebetet, dass dieser Kelch (des Verrats, des Leidens und Sterbens) an ihm vorübergehen möge. „Aber nicht wie ich will, sondern wie du willst", hatte er seinem himmlischen Vater gesagt. Im Gehorsam Gott gegenüber erfüllt er jedoch in vollkommener Weise den Liebesplan des Vaters. Wie bitter, wie schmerzhaft muss dieser Kuss gewesen sein. Denn dieser Kuss bedeutete nicht Annahme, sondern Ablehnung.

Das Martyrium nahm seinen Lauf. Jesus wurde vor den Hohen Rat, den Sanhedrin, gezerrt, vor Herodes und vor Pilatus. Er wurde gedemütigt, bespuckt und geschlagen.

Und der Hohepriester stand auf und sprach zu ihm: Antwortest du nichts zu dem, was diese wider dich zeugen? Aber Jesus schwieg still. Und der Hohepriester antwortete und sprach zu ihm: Ich beschwöre dich bei dem lebendigen Gott, dass du uns sagest, ob du seist Christus, der Sohn Gottes. Jesus sprach zu ihm: du sagst es. Doch ich sage euch: Von nun an wird's geschehen, dass ihr werdet sehen des Menschen Sohn sitzen zur Rechten der Kraft und kommen in den Wolken des Himmels ... (Mt 26,62-64)

Der Hohepriester Kaiphas fragte Jesus nicht, ob er ein Religionsstifter sei oder ein netter charismatischer Typ oder ein weiser Lehrer. „Bist du der Sohn Gottes?", fragt er, und Jesus bestätigt es. Ist also doch nicht alles dasselbe? Ist es doch nicht egal, an was man glaubt ... ob an ein höheres Wesen, eine universelle Energie, eine fremde Macht? Gott ist gekommen! Er ist da! Wir verließen ihn einst und rennen seitdem schuldbeladen und einsam in der Weltgeschichte herum. Jesus überwindet die Kluft und kommt uns nah. Er nahm alle Schuld auf sich und schenkte uns eine neue Chance, eine neue Beziehung. Doch damit beginnt das grausamste Kapitel in der Menschheitsgeschichte.

Sie folterten und töteten den Liebesgruß aus dem Himmel.

Nach der Verhaftung in der Mitte der Nacht wurde Jesus vor den Sanhedrin und vor den Hohenpriester Kaiphas gebracht; hier ist es, wo das erste physische Trauma zugefügt wurde. Ein Soldat schlug Jesus in das Gesicht, damit er still blieb, während er von Kaiphas befragt wurde. Die Schlosswachen verbanden ihm dann die Augen und verspotteten ihn höhnisch, damit er jeden von ihnen identifizierte, während sie vorübergingen, auf ihn spuckten und ins Gesicht schlugen. Am Morgen, verprügelt und mit blauen Flecken, ohne etwas zu trinken und von einer schlaflosen Nacht erschöpft, wird Jesus durch Jerusalem zum Prätorium in der Festung Antonia gebracht, dem Regierungssitz des Bevollmächtigten von Judäa, Pontius Pilatus. Sie sind sicher mit dem Versuch von Pilatus vertraut, die Verantwortung an Herodes Antipas, den Tetrarchen von Judäa abzuschieben. Jesus erlitt anscheinend keine physisch schlechte Behandlung unter den Händen von Herodes und wurde zu Pilatus zurückgesandt. Es war anschließend, als Antwort auf die Schreie der Horde, dass Pilatus anordnete Barabbas freizugeben und Jesus zu Auspeitschung und Kreuzigung verurteilte.

Die meisten römischen Schriftsteller dieser Periode verbinden beides nicht. Viele Gelehrte glauben, dass Pilatus ursprünglich anordnete, dass Jesus als seine volle Strafe gegeißelt wurde, und dass der Todessatz der Kreuzigung nur als Antwort auf den Spott der Horde kam, dass der Prokurator Cäsar nicht richtig gegen diesen Heuchler verteidigte, der behauptete, „König der Juden" zu sein.

Vorbereitungen für die Geißelung sind ausgeführt. Der Gefangene ist seiner Kleidung entledigt, seine Hände an einen Pfosten über seinem Kopf gebunden. Es ist zweifelhaft, ob die Römer jeden Versuch machten, dem jüdischen Gesetz in dieser Angelegenheit der Geißelung zu folgen. Die Juden hatten ein altes Gesetz, das mehr als vierzig Schläge verbot. Die Pharisäer, die sich immer vergewisserten, dass das Gesetz strikt befolgt wurde, bestanden darauf, dass nur neununddreißig Schläge gegeben werden. (Auf diese Weise waren sie sicher, im Falle eines Verzählens innerhalb des Gesetzes zu bleiben.) Der römische Legionär schreitet vor mit dem Flagrum in seiner Hand. Dies ist eine kurze Peitsche, die aus mehreren festen Lederriemen mit zwei kleinen Eisenstückchen nahe den Enden jedes Riemens besteht. Die schwere Peitsche wird mit voller Gewalt wieder und wieder über Jesu Schultern, Rücken und Beine geschlagen. Zuerst schneiden sich die schweren Lederriemen nur durch die Haut.

Dann, wenn die Schläge weitergehen, schneiden sie sich tiefer in das Gewebe, zuerst produzieren sie ein Herausquellen des Blutes von den Kapillaren und Venen der Haut, und endgültig spritzt arterielles Blut der Blutgefäße der darunterliegenden Muskeln heraus. Die kleinen Eisenstückchen in den Riemen produzieren zuerst große, tiefe Druckstellen, die von weiteren Schlägen aufgebrochen werden. Zuletzt hängt die Haut des Rückens in langen Bändern, und der ganze Bereich ist eine zerrissene, nicht wiederzuerkennende Masse von blutendem Gewebe. Wenn es vom verantwortlichen Zenturio bestimmt wird, dass der Gefangene kurz vor dem Tod steht, wird die Geißelung schließlich beendet. Der halb in Ohnmacht fallende Jesus wird dann losgebunden und auf den Steinboden fallen gelassen, in sein eigenes Blut. Die römischen Soldaten sehen einen großen Witz in diesem provinziellen Juden, der behauptet, ein König zu sein. Sie werfen eine Robe über seine Schultern und stellen einen Stock in seine Hand als ein Zepter. Sie brauchen schließlich noch eine Krone, um ihr Hohnbild zu vollenden. Ein kleines Bündel flexibler Zweige mit langen Dornen (weithin für Feuerholz verwendet) wird zur Form einer Krone geflochten, und diese wird in seine Kopfhaut gedrückt. Wieder blutet es stark (die Kopfhaut ist einer der vaskulärsten Bereiche des Körpers). Nach seiner Verspottung und den Schlägen in das Gesicht nehmen die Soldaten den Stock aus seiner Hand, schlagen ihn auf den Kopf und die Dornen tiefer in seine Kopfhaut. Zuletzt werden sie ihres sadistischen Spiels müde und die Robe wird von seinem Rücken gerissen. Diese war schon in den Wunden an Blut und Serum angeklebt, und solches Entfernen bereitet genauso wie unachtsames Entfernen eines chirurgischen Verbandes qualvolle Schmerzen … fast, als ob er wieder geschlagen würde – und die Wunden beginnen erneut zu bluten.[1]

Mir ist schwer im Angesicht dieses Leidens. Mel Gibson wurde für seinen Film „Passion Christi" stark kritisiert. Der Film sei gewaltverherrlichend, zu schrecklich … menschenverachtend. Ja, sie haben recht, außer dass für Jesus die Tortur nicht nur zwei Stunden ging wie im Film, sondern viele Stunden. Sekunden wurden zur Ewigkeit. Es war menschenverachtend, sie verachteten den vollkommenen Menschen.

Am frühen Morgen trug er das schwere Kreuz durch die schmalen Gassen von Jerusalem. Einige Tage zuvor hatte die Menge ihn dort noch begeistert empfangen. Lachen und Freude kennzeichneten ihre Gesichter. Tage später waren sie von Hass erfüllt, ihre Mimik, ihre Gesten, ihr Geschrei forderten den Schmerz und den Tod. Wie treulos! Wie lieblos!

Dann legte man ihn aufs Kreuz (die bekannte Redewendung hat von da her ihren Ursprung – denke an das Leid, das er erlitten hat, wenn du es mal wieder hörst). Man bohrte Nägel in seine Hände. Hände, die Geborgenheit gegeben, geheilt, umarmt und Füße gewaschen haben. So sollten auch unsere Hände sein. Sie bohrten Nägel in seine Füße. Füße, denen kein Weg zu weit war, die da waren, wenn man sie brauchte. So sollten auch unsere Füße sein. Dann hängt er nackt am Kreuz. NACKT!

---

[1] Quelle: W. Giolda, 1996 (http://www.soulsaver.de/glaube/kreuzigung/).

Dort oben verliert er seine Würde, damit wir unsere Würde finden!
Dort oben fließt Blut aus seinen Händen, weil wir so oft schuldig
mit unseren Händen geworden sind.
Dort oben fließ Blut aus seinen Füßen, weil wir so oft mit unseren
Füßen falsche Wege gegangen sind.
Dort oben gibt er sein Leben, damit wir leben in Ewigkeit.

Der Prophet Jesaja beschrieb diese Szenerie bereits Jahrhunderte
zuvor:

Wer hat unserer Verkündigung geglaubt? An wem ist der Arm des
HERRN offenbar geworden? –
Er ist wie ein Trieb vor ihm aufgeschossen und wie ein Wurzel-
spross aus dürrem Erdreich. Er hatte keine Gestalt und keine
Pracht. Und als wir ihn sahen, da hatte er kein Aussehen, dass wir
Gefallen an ihm gefunden hätten.
Er war verachtet und von den Menschen verlassen, ein Mann der
Schmerzen und mit Leiden vertraut, wie einer, vor dem man das Ge-
sicht verbirgt. Er war verachtet, und wir haben ihn nicht geachtet.
Jedoch unsere Leiden – er hat [sie] getragen, und unsere Schmer-
zen – er hat sie auf sich geladen. Wir aber, wir hielten ihn für be-
straft, von Gott geschlagen und niedergebeugt. Doch er war
durchbohrt um unserer Vergehen willen, zerschlagen um unserer
Sünden willen. Die Strafe lag auf ihm zu unserm Frieden, und
durch seine Striemen ist uns Heilung geworden. Wir alle irrten um-
her wie Schafe, wir wandten uns jeder auf seinen [eigenen] Weg;
aber der HERR ließ ihn treffen unser aller Schuld.
Er wurde misshandelt, aber er beugte sich und tat seinen Mund
nicht auf wie das Lamm, das zur Schlachtung geführt wird und wie
ein Schaf, das stumm ist vor seinen Scherern; und er tat seinen
Mund nicht auf.
Aus Drangsal und Gericht wurde er hinweggenommen. Und wer
wird über sein Geschlecht nachsinnen? Denn er wurde abgeschnit-
ten vom Lande der Lebendigen. Wegen des Vergehens seines Vol-
kes [hat] ihn Strafe [getroffen].

Und man gab ihm bei Gottlosen sein Grab, aber bei einem Reichen [ist er gewesen] in seinem Tod, weil er kein Unrecht begangen hat und kein Trug in seinem Mund gewesen ist. Doch dem HERRN gefiel es, ihn zu zerschlagen. Er hat ihn leiden lassen. Wenn er sein Leben als Schuldopfer eingesetzt hat, wird er Nachkommen sehen, er wird [seine] Tage verlängern. Und was dem HERRN gefällt, wird durch seine Hand gelingen.

Um der Mühsal seiner Seele willen wird er [Frucht] sehen, er wird sich sättigen. Durch seine Erkenntnis wird der Gerechte, mein Knecht, den Vielen zur Gerechtigkeit verhelfen, und ihre Sünden wird er sich selbst aufladen.

Darum werde ich ihm Anteil geben unter den Großen, und mit Gewaltigen wird er die Beute teilen: dafür, dass er seine Seele ausgeschüttet hat in den Tod und sich zu den Verbrechern zählen ließ. Er aber hat die Sünde vieler getragen und für die Verbrecher Fürbitte getan (Jes 53).

Als hätte Jesaja am Fuß des Kreuzes gestanden, so beschreibt er es. Gott ließ ihn erkennen, was kommt, damit wir mit Staunen von Gottes Liebe überzeugt werden. Wir alle irrten wie Schafe umher, beschreibt Jesaja. Wir alle, nicht nur ein paar von uns. Wir waren ja bis zur Vollendung des Heilsplanes Gottes außerhalb des Paradieses.

Dort oben am Kreuz spricht Jesus: „Vater, vergib ihnen, denn sie wissen nicht, was sie tun." Ich glaube, er meinte nicht nur jene, die ihn physisch ans Kreuz genagelt und verurteilt haben, sondern alle Menschen, die je schuldig geworden sind, einschließlich Adam und Eva. „Vergib ihnen, denn sie wissen nicht, was sie tun." Dort oben bietet Gott allen Menschen Vergebung an. Dieses Geschenk der Vergebung darf man auch ablehnen.

Links und rechts von ihm wurden zwei weitere Männer gekreuzigt. Der eine lehnte ihn ab, der andere sprach Jesus das Vertrauen aus und bekannte seine Schuld. Diese beiden Männer stehen repräsentativ für alle Menschen. Beide haben Jesus in den letzten Stunden ihres Lebens erlebt, seine Stimme gehört, seinen Gebeten gelauscht, und doch nahmen sie ihn unterschiedlich auf. „Herr, denke an mich, wenn du in dein Königreich kommst", bat der eine. Und was tat Jesus? Er versprach ihm an Ort und Stelle das Paradies. Das, wonach wir Menschen uns seit Urzeiten sehnen. Nach Erlassung unserer Schuld, Heilung unserer Wunden und ewiger Beziehung mit Gott. Viele Theologen streiten sich hier um die Position des Kommas: Hieß es: „Wahrlich, ich sage dir, heute wirst du mit mir im Paradies sein", oder: „Wahrlich, ich sage dir heute, du wirst mit mir im Paradies sein."

Verzeiht mir, wenn ich nun ein wenig grob werde. Mich interessiert das nicht, ob heute, morgen oder später. Hauptsache, ich bekomm die Zusage. Ich kann mich noch erinnern, als ich mit der Schule fertig war und vier Bewerbungen um eine Lehrstelle mit der Post losschickte und ich dann eines Tages eine Zusage bekam. Da freute ich mich so sehr, ohne zu wissen, wann es überhaupt losgeht. Als mir die Ärztin damals nach dem Unfall sagte, meine Frau sei nicht mehr in Lebensgefahr, sie werde wieder gesund, da fragte ich nicht wann, wie oder was. Die Freude über das Ja, die Zusage, die Bestätigung war größer als die Randdetails.

Christen können enttäuschen, Christus enttäuscht nie! Seine Zusagen sind sicher. Er ist treu. Er kann das Paradies versprechen. Er hat die Vollmacht dazu. Wenn wir also Sehnsucht nach dem Paradies haben, sollten wir dem vertrauen, der es uns mit Sicherheit geben kann. Wir sollten nicht nach der Position des Kommas schauen, sondern auf Jesus Christus selbst, auf den, der ehrlich und treu ist.

„Eli, Eli, lama asabtani?"

Als wir damals das Paradies nicht mehr haben wollten, wurden wir mit zwei schrecklichen Dingen konfrontiert: mit der grausamen Erfahrung „schuldig zu sein" bzw. „Schuld zu tragen" und der Einsamkeit – von Gott getrennt zu sein.

Und um die neunte Stunde schrie Jesus laut: „Eli, Eli, lama asab-tani?" Das heißt: Mein Gott, mein Gott, warum hast du mich ver-lassen? (Mt 27,46).

Viele haben hiermit sicherlich ihre Probleme. Sie fragen: „Wie kann er als Gott von Gott verlassen sein?" Oder: „Wenn Gott ihn liebt, warum hat er ihn dann verlassen?" Welcher Vater verlässt sein Kind? Nun, ich als kleiner Mensch kann diesen großen Gott nicht erklären. Wir sprachen ja schon darüber: Nicht er wurde Mensch wie wir, sondern wir sollten Mensch sein wie er.

Er, der in göttlicher Gestalt war, hielt es nicht für einen Raub, Gott gleich zu sein, sondern entäußerte sich selbst und nahm Knechts-gestalt an, ward den Menschen gleich und der Erscheinung nach als Mensch erkannt (Phil 2,6-7).

Diese Liebe kann kein Verstand dieser Welt erklären, ich kann nur staunen. Ich verstehe nicht alles, das meiste sogar nicht. Ich möchte Jesus aber von ganzem Herzen vertrauen. Wenn wir ihm nicht vertrauen, der die Wahrheit selbst ist, wem können wir denn dann vertrauen? Unser aller Wissen ist nur Stückwerk.

Denn unser Wissen ist Stückwerk und unser prophetisches Reden ist Stückwerk. Wenn aber kommen wird das Vollkommene, so wird das Stückwerk aufhören (1 Kor 13).

Stückwerk, nichts Ganzes, keine Vollkommenheit. Was brauchen wir denn, um heil zu werden? Viele denken, man müsse gute Ta-ten verrichten. Wirklich? Wenn ich jemandem etwas zerstöre und danach einigen Omas beim Überqueren der Straße helfe, ist dann das zuvor Zerstörte wieder heil? Mit Sicherheit nicht! Jesu Liebesanspruch ist unsere Vollkommenheit – nichts weniger! Anmaßend? Wünschen sich Mütter und Väter nicht das Beste für ihre Kinder? Normalerweise schon, aber bei dem, was ich tagtäg-lich erlebe, was Eltern ihren Kindern antun, wird mir schlecht. Was wünscht sich wohl der beste Papa des Universums, der Va-ter aller Väter? Doch nur das Allerbeste, nichts weniger als die

Vollkommenheit, das Paradies für seine Kinder. Hierfür muss die Schuld beseitigt und die Trennung aufgehoben werden.

Da hängt er, Jesus! Der König der Könige, der Herr aller Herren. Nackt, misshandelt und gedemütigt ruft er: „Mein Gott, mein Gott warum hast du mich verlassen?"

Ja, da war er wirklich von Gott verlassen – unsere Schuld, die er auf sich nahm, hat ihn von seinem Vater getrennt! Er hat die größte Verlassenheit „ertragen" müssen, die je ein Mensch erlitten hat. Die Sünde der ganzen Menschheit, die er auf sich nahm, hat ihn von Gott getrennt. Dort oben auf der Müllkippe Jerusalems, dem Hügel Golgatha erlebte Jesus die Hölle. Er, der tatsächlich Gott war und sich aus freiem Willen dem Leiden unterwarf, der alle Verlassenheit und Schuld auf sich nahm, hat für uns das Paradies zurückerobert. Der Verkläger der Menschen unternimmt alles, damit die Welt Gottes himmlischen Plan ablehnt, das größte Geschenk aller Zeiten: Jesus Christus selbst! Was für eine Liebestat. Das Lamm Gottes, hingerichtet für unsere Schuld, damit wir sie loswerden und wieder in Beziehung mit Gott leben können. Oben auf diesem Hügel, verlassen von Mensch und Gott, dort hing Jesus zwischen Himmel und Erde.

Albert Frey beschreibt es sehr treffend in einem seiner Lieder:

Zwischen Himmel und Erde ist ein Riss
Und ein Kampf zwischen Licht und Finsternis.

Zwischen Himmel und Erde sind wir noch
Und das, was wir nicht wollen, tun wir doch.

Mitten in dieser Welt, doch nicht von dieser Welt.
Wir gehören zu dir und doch sind wir noch hier.

Zwischen Himmel und Erde hängst du dort
Ganz allein und verlassen von Mensch und Gott.

Zwischen Himmel und Erde leiden wir
An Zerrissenheit auf dem Weg zu dir.

Zwischen Himmel und Erde ist ein Steg
Und du selbst bist die Brücke und der Weg

Gott ist Liebe. In meinem Leben durfte ich viele wunderbare Menschen kennenlernen. Manches habe ich selbst durchlitten, durfte aber auch einige Wunder erleben. Viele Wunder erkennen wir gar nicht als Wunder. Unser Leben ist schon ein Wunder, die Natur, der Kosmos, ein Lächeln, ja, der Mensch selbst ist ein Wunder. Ich bin Menschen begegnet, die klinisch tot waren und dann eine Begegnung mit Jesus hatten, wobei sie von Liebe und Licht erfüllt wurden. Viele weinten vor Bewegung, als sie davon berichteten. Wo Gott ist, ist unermessliches Licht. Kein Licht, das blendet oder verblendet. Wo das Licht nicht ist, dort herrscht Dunkelheit.

Und von der sechsten Stunde an kam eine Finsternis über das ganze Land bis zur neunten Stunde (Mt 27,45).

Mitten am Tag wurde es dunkel – kein Wunder, da die Menschen ja das wahre Licht ablehnten. *„Er kam in sein Eigentum und die Seinen nahmen ihn nicht auf"* (vgl. Joh 1,11). Wie wahr, dies war die dunkelste Szene in der ganzen Menschheitsgeschichte.

Mich dürstet (Joh 19,28).

Liegt ein Teil unserer Sehnsucht nicht darin, dass wir Hunger und Durst nach Anerkennung, Identität, Liebe, Heimat, Schönheit und Ewigkeit haben? Sehnsucht nach dem Paradies, nach Gott? Der Gott des Lebens, der alle Gewässer schuf und sich selbst das „Wasser des Lebens" nennt, sagt:

Wen da dürstet, der komme zu mir und trinke. Wer an mich glaubt, wie die Schrift sagt, von dessen Leib werden Ströme lebendigen Wassers fließen (Joh 7,37-38).

Als Jesus seinen „Dienst" begann und nach seiner Taufe am Jordan in die Wüste ging, verspürte er nach 40 Tagen Hunger, und das letzte Bedürfnis, das er in seinem Leben hatte, war Durst. Das finde ich bemerkenswert. Das „Wasser des Lebens" bekennt seinen Durst! Durst wonach? Ich vermute, er hatte vor allem Durst nach dir und mir, nach unserer Liebe. So fragte er doch nach der Auferstehung seinen Freund Petrus gleich dreimal, ob er ihn lieb hat. Ihn dürstete nach der Urgemeinschaft zwischen Gott und Mensch, danach, dass die Welt das Versöhnungsangebot Gottes annimmt.

Ich bin in meinem Leben so vielen Menschen begegnet, die Hunger und Durst hatten nach Nähe, Vergebung, Liebe, Versöhnung und Frieden. Dort oben am Kreuz spürt Jesus wohl alles: Gottverlassenheit, Schuldenlast und die damit verbundene Sehnsucht und Zerrissenheit.

Was hat der Mensch aus seiner Schuld und Verletzung heraus der Schöpfung, sich selber und Gott angetan? Menschen quälen einander und verursachen Kriege, Chaos und Zerstörung. Ganze Völker rotten sich gegenseitig aus. Die Welt liegt im Sterben. Die Zahl der psychischen Erkrankungen nimmt zu. Immer mehr Menschen haben Angstzustände. Im Internet kann heute jeder an den Pranger gestellt werden. Wo man hinschaut, werden Menschen entwürdigt.

Auch dafür hat Jesus bezahlt, für den Hohn und Spott dieser Welt. Man hat ihn, den König selbst, lächerlich gemacht. Eine Dornenkrone setzten sie ihm auf, huldigten ihm, schlugen und bespuckten ihn. Hat man dich auch schon mal gedemütigt? Sprich mit Jesus, der kennt sich da bestens aus. Bist du schuldig geworden, weil du aus deiner Verletzung heraus andere gedemütigt hast? Sprich mit Jesus, auch dafür hat er bezahlt. Er hat dir schon vergeben. Nimm dieses Geschenk an und dann darfst du dir selber auch vergeben. Lerne daraus und ehre und liebe die Menschen und verletze sie nicht. Wenn wir alle Teil eines großen Ganzen sind, dann verletzen wir uns selbst, wenn wir andere verletzen.

... und flochten eine Dornenkrone und setzten sie ihm aufs Haupt und gaben ihm ein Rohr in seine rechte Hand und beugten die Knie vor ihm und verspotteten ihn und sprachen: Gegrüßet seist du, der Juden König! (Mt 27,29).

Und Jesus kam heraus und trug die Dornenkrone und das Purpurgewand. Und Pilatus spricht zu ihnen: Seht, welch ein Mensch! (Joh 19,5).

Siehst du, Jesus kennt sich mit Spott aus. Keiner versteht dich besser als er. Er ist kein Theoretiker, er ist ein Mann der Praxis. Ablehnung, Spott und Demütigungen – er erlebte das alles selbst, er kennt dich und versteht dich.

O Haupt voll Blut und Wunden,
Voll Schmerz und voller Hohn,
O Haupt, zum Spott gebunden
Mit einer Dornenkron',
O Haupt, sonst schön gezieret
Mit höchster Ehr' und Zier,
Jetzt aber höchst schimpfieret;
Gegrüßet seist du mir!

Du edles Angesichte,
Davor sonst schrickt und scheut
Das große Weltgewichte,
Wie bist du so bespeit!
Wie bist du so erbleichet!
Wer hat dein Augenlicht,
Dem sonst kein Licht nicht gleichet,
So schändlich zugericht't?

Die Farbe deiner Wangen,
Der roten Lippen Pracht
Ist hin und ganz vergangen;
Des blassen Todes Macht
Hat alles hingenommen,
Hat alles hingerafft,
Und daher bist du kommen
Von deines Leibes Kraft.

Nun, was du, Herr, erduldet,
Ist alles meine Last;
Ich hab' es selbst verschuldet,
Was du getragen hast.
Schau her, hier steh' ich Armer,
Der Zorn verdienet hat;
Gib mir, o mein Erbarmer,
Den Anblick deiner Gnad'!

Erkenne mich, mein Hüter,
Mein Hirte, nimm mich an!
Von dir, Quell' aller Güter,
Ist mir viel Gut's getan.
Dein Mund hat mich gelabet
Mit Milch und süßer Kost;
Dein Geist hat mich begabet
Mit mancher Himmelslust.

Ich will hier bei dir stehen,
Verachte mich doch nicht!
Von dir will ich nicht gehen,
Wenn dir dein Herze bricht;
Wenn dein Haupt wird erblassen
Im letzten Todesstoß,
Alsdann will ich dich fassen
In meinem Arm und Schoß.

Es dient zu meinen Freuden
Und tut mir herzlich wohl,
Wenn ich in deinem Leiden,
Mein Heil, mich finden soll.
Ach, möcht' ich, o mein Leben,
An deinem Kreuze hier
Mein Leben von mir geben,
Wie wohl geschähe mir!

Ich danke dir von Herzen,
O Jesu, liebster Freund,
Für deines Todes Schmerzen,
Da du's so gut gemeint.
Ach gib, dass ich mich halte
Zu dir und deiner Treu'
Und, wenn ich nun erkalte,
In dir mein Ende sei!

Wann ich einmal soll scheiden,
So scheide nicht von mir,
Wenn ich den Tod soll leiden,
So tritt du dann herfür;
Wenn mir am allerbängsten
Wird um das Herze sein,
So reiß mich aus den Ängsten
Kraft deiner Angst und Pein!

Erscheine mir zum Schilde,
Zum Trost in meinem Tod,
Und lass mich sehn dein Bilde
In deiner Kreuzesnot!
Da will ich nach dir blicken,
Da will ich glaubensvoll
Dich fest an mein Herz drücken.
Wer so stirbt, der stirbt wohl.[2]

Von der Welt höre ich immer wieder, alle Religionen und Weltanschauungen seien gleich. Jesu Leben, seine Gottverlassenheit am Kreuz, seine Einsamkeit, seine unbeschreibliche Angst, die Demütigungen, die Dornenkrone, die sich ins Fleisch drückt, die Peitschenhiebe, die durchbohrten Hände und Füße – das soll dasselbe

---

[2] *Salve caput cruentatum* – Arnulf von Löwen (1200–1250); deutsche Übersetzung: Paul Gerhardt (1656).

sein wie Yoga-Verrenkungen und buddhistische Atemtechniken, um erlöst zu werden?

Keiner hat getan, was Jesus getan hat! Keiner hat gelitten wie Jesus! Keiner hat je so viel getragen wie Jesus. Keiner war so voller Liebe wie Jesus, die Liebe in Person.

Keiner kann uns erlösen – weder ein System noch wir selbst – als allein der „Erlöser."

Es ist vollbracht!", spricht Jesus vom Kreuz herab, und *„Vater, in deine Hände befehle ich meinen Geist"* lauten seine letzten Worte (vgl. Lk 23,46).

Das Werk ist getan. Der Plan Gottes ist ausgeführt. Das Paradies ist wieder offen. Die Schuld ist ein für alle Mal weg. Die Einsamkeit, die Gottverlassenheit hat ein Ende. Sehnsüchte können wieder gestillt werden. Wir brauchen aus unseren Verletzungen heraus nicht mehr andere zu verletzen. Für alle Schuld wurde bezahlt. Jedes Stück Vergebung bedeutet den Beginn der Heilung. In meinem Leben und in Tausenden von Begegnungen durfte ich vier Formen des Vergebens kennenlernen, die ich hier nochmals wiederholen möchte, damit sie fest in unseren Köpfen und Herzen verankert sind. Vergebung ist keine einmalige Sache, sie soll zum Lebensstil werden. Vergeben heißt nicht gutheißen. Dem jungen Mann, der den Unfall meiner Familie verursacht hat, habe ich vergeben. Ich heiße damit nicht gut, was er getan hat. Es war schrecklich und ist es heute noch. Ich habe es im wahrsten Sinne des Worte „ver-geben", weitergegeben, abgegeben an Jesus, weil ich diese Last nicht tragen kann und schon gar nicht tragen möchte.

1. Gott vergibt dir

Gott hat uns durch Jesus Christus vergeben. Wir müssen und können uns nicht selbst erlösen. Wir sind wie Schiffbrüchige im Pazifik, und er ist die rettende Hand aus dem Himmel. Dieser himmlische Helfer fragt nicht danach, was wir alles getan oder nicht getan haben. Er liebt dich und mich wirklich, so wie wir sind. Wir dürfen kommen, wie wir sind. Greif zu! Lass dich umarmen so, wie der verlorene Sohn von seinem Vater in Arm genommen wurde. Du bist angenommen, so wie du bist, mit allem, was dir schwer ist, mit allen Wunden. Komm und lass dir die Schuld abnehmen, lass dich beschenken mit göttlicher Nähe. Probleme und Sorgen werden auch künftig nicht ausbleiben, aber du darfst dir sicher sein, dass du nie mehr allein bist.

Und ob ich schon wanderte im finstersten Tal, so fürchte ich kein Unglück, denn DU bist bei mir (Ps 23,4a).

Wie wunderbar, er ist kein ferner Gott, sondern einer, der dir nah sein möchte. Er will dich führen und tragen. Er sehnt sich nach dir. Nimm doch seine Vergebung an und beginne ein neues Leben. Auch wenn du das schon mal getan hast, darfst du diesen Liebesschwur gerne erneuern. Manche Paare geben sich nach 25 oder 50 Jahren noch einmal das „Ja"-Wort. Mach ihn zum Kapitän deines Lebens.

Siehe, ich mache alles neu (Offb 21,5).

Kommt her zu mir, alle, die ihr müde und schwer beladen seid; ich will euch erquicken (Mt 11,28).

2. Vergib dir selbst

Wenn Gott dir vergeben hat, wieviel mehr darfst du dir selbst vergeben. Sich selber zu vergeben, ist für die meisten Menschen das Schwierigste. Oft hat es mit falsch verstandener Demut oder mangelndem Selbstwert zu tun. Das können Psychologen wohl besser erklären. Doch warum etwas tragen, was einer schon getragen hat? Warum für etwas bezahlen, wofür einer schon bezahlt hat? Wenn du und ich essen gehen und ich habe bereits bezahlt, würdest du trotzdem die Zeche noch einmal bezahlen? Mit Sicherheit nicht! Jesus hat für alles bezahlt, er trug alles, wir sind frei. Lass dich beschenken und beschenke dich selbst. Wie willst du dich selbst lieben, wenn du voller Lasten bist? Wie willst du dann andere lieben? Vergib, und dir wird vergeben. Vergib dir bitte auch selbst.

3. Vergib anderen

Wenn Gott dir und mir und allen anderen vergeben hat, dann sollten wir es ihm gleich tun. Wenn wir in einer Welt leben würden, wo gegenseitiges Vergeben mehr gelebt würde, wäre vieles leichter, schöner, erträglicher und wertvoller. Man muss sich nur einmal anschauen, wohin Schuld und Verletzung uns treiben. Wie grausam sich manche Nationen bekämpfen, ständig rächen sie sich aneinander, Vergeltung folgt auf Vergeltung und keiner kennt mehr die wahren Gründe. Oder wenn ich mir die Familienstammbäume von manchen Menschen anschaue. Ein Vater schlägt seine Kinder, weil er selbst von seinem Vater gequält wurde usw. Es ist wie bei „Domino Day": Ein Steinchen löst das Umfallen des nächsten aus. Die Ursache ist klein, und doch bewirkt sie, dass alles einstürzt.

Wie können wir die Kettenreaktion von Schuld und Verletzungen beenden? Wie können wir den Dominoeffekt stoppen? Ganz einfach, indem wir nur ein Steinchen herausnehmen und Vergeltung nicht mehr weitergeben. Mach doch einfach bei dem „Spiel" nicht mehr mit. Egal, wo die Lawine losgetreten wurde, in den Generationen vor dir, in der Schule, im Verein, am Arbeitsplatz, egal … versprühe den göttlichen Funken der Vergebung, entfache ein Feuer der Liebe und Güte. Gib keine Verletzung, keine Bitterkeit mehr weiter.

Wenn du die ersten beiden Punkte der Vergebung umgesetzt hast, dann wäre dies der nächste Schritt. Ich weiß, bei jedem Streit sind die anderen schuld. Aber die anderen lesen diese Zeilen hier jetzt nicht, sondern DU. Gottes Liebe soll durch dich sichtbar werden, sein Licht soll durch dich scheinen, damit die Welt ein wenig heller wird. Du trägst den göttlichen Funken in dir. Du hast die

Möglichkeit, die Welt zu verändern. Fang am besten heute noch damit an. Wo musst du noch Frieden schaffen? Du weißt es doch. Lass dich von niemandem aufhalten. Ich selbst bin oft schuldig geworden, aber auch mich hat man oft enttäuscht und verletzt. Alle paar Tage bete ich für jene, die mir und meinen Lieben wehgetan haben. Das macht mich frei, frei von Hass, Bitterkeit und Wut!

Ich wünsche dir diese Freiheit, es liegt an dir. Du darfst frei wählen, welchen Weg du gehst.

Liebt eure Feinde und bittet für die, die euch verfolgen,
damit ihr Kinder seid eures Vaters im Himmel (Mt 5,44-45).

4. Andere um Vergebung bitten

Mir sind viele Menschen begegnet, die schwer darunter gelitten haben, dass man ihnen nicht vergeben hat – ganz besonders in Gefängnissen und in Psychiatrien. Aber auch Suchtkranke leiden häufig darunter. Man muss vorsichtig sein, wenn man anderen Vergebung zuspricht, denn oft drückt man damit indirekt aus, dass der andere schuld an allem ist. Wer jedoch seine eigene Schuld bekennt, der ist entwaffnend. Ich selbst durfte dies ja mit meinem Vater erleben. Mein ganzes Leben lang hatte ich ihm für vieles die Schuld gegeben. An dem Tag aber, als ich ihn um Vergebung für meine Schuld bat, wurde er still, hörte zu und fing an sich zu ändern. Wenn wir uns ändern, wird sich auch die Welt um uns herum ändern. Vielleicht nicht immer sofort und so wie wir denken, aber etwas wird sich ändern.

Überlege mal, wo du andere um Vergebung bitten solltest. Als ich damals nach 37 Jahren zu meinem Vater ging, waren meine Beine schwer wie Blei. Als ich vor seinem Zimmer stand, erinnerte ich mich an einen Vers aus der Bibel: *„Mit meinem Gott kann ich über Mauern springen"* (Ps 18,30). Wenn du diesen notwendigen Weg endlich gehen möchtest, dann springe zusammen mit dem himmlischen Vater über diese gewaltige Mauer. Ja, du hast das Angebot, alle Wege mit ihm zu gehen. Aber denke daran: Liebe fordert nie und erzwingt nichts. Sie gibt stattdessen alles, duldet alles, erträgt alles. Der andere kann ablehnen, auch wenn das für dich schwer ist, aber du hast deinen Teil getan. Der Rest liegt nicht bei dir.

Auch Gott hat sein Bestes gegeben: seinen Sohn. Viele lehnen ihn trotzdem ab. Selbst wenn kein einziger Mensch auf der Welt Gottes Angebot bzw. Geschenk angenommen hätte, so wäre Christus doch für alle gestorben. So ist die Liebe. Wenn der Heiland der Welt sich so klein macht und dabei doch seine unendliche Liebe und Größe beweist, wieviel mehr sollten du und ich um Vergebung bitten können. Es ist keine Schwäche, sondern zeugt von Größe. Ich ging diesen Weg zu meinem Vater, zu meiner Exfrau, der Mutter meines tollen Sohnes Manuel, und zu Manuel selbst. Diese Wege waren „lebensnotwendig", denn ich hatte große NOT in meinem LEBEN. Die Bitte um Vergebung hat alles GEWENDET.

Auf der Müllkippe Golgatha, dort, wo Christus starb, können wir den Müll unseres Lebens entsorgen. Dort kommt unsere aufgescheuchte Seele zur Ruhe. Dort wurde das „Lamm Gottes" geopfert, das alle Schuld der Welt hinwegnimmt. Dort, am Kreuz, wurde uns vergeben, dort öffnete sich das Paradies. Dort breitete Jesus die Arme aus, damit wir wieder in die offenen Arme des Vaters laufen können. Er steht vor dem Vaterhaus und wartet auf dich. Sehnsüchtig hält er Ausschau nach dir. In seinem Sohn ist er dir und mir nachgelaufen, um alle unsere Sehnsüchte zu stillen.

Wir müssen nun nicht mehr aus unseren Verletzungen heraus andere und uns selbst verletzen. Wir brauchen keine Drogen mehr, um uns zu betäuben. Wir können mit allem kommen, egal, was war, was ist, wie wir sind und was wir sind. „Lasst uns feiern", sagt der Vater seinem wiedergefundenen Sohn. Dies gilt auch dir und mir. Komm heraus aus dem Gefängnis von Schuld, Versagen, Verletzungen und dem daraus entstandenen Minderwertigkeitsgefühl. Du brauchst keine wechselnden Partner, die dir ständig sagen müssen, wie toll du bist. Die Menschen nicht mehr unterdrücken und quälen. Dein Wert ist nicht abhängig von Aktien und vom Gold-kurs und davon, wie viel du verdienst. Du musst keine Drogen nehmen, um deine Muskeln aufzupolieren. Du bist geliebt, du bist frei, du bist angenommen. Das Paradies steht offen! Der Vater aller Väter steht mit ausgebreiteten Armen vor dir, um dich, sein ge-liebtes Kind, zu empfangen. Bei ihm ist unser wahres Glück. Alles, was dir sonst Glück verspricht, davon lass die Finger.

Als nun Jesus den Essig genommen hatte, sprach er: Es ist voll-bracht!, und neigte das Haupt und verschied (Joh 19,30).

„Es ist vollbracht!", der Weg ist geebnet. Das Lamm ist geschlach-tet. Jesu Leib ist gebrochen. Er ist entstellt, verspottet, entwürdigt und ausgeblutet. Doch die Dunkelheit hat nicht gesiegt. Es ist nicht das Ende, sondern der Anfang.

Weil es aber Rüsttag war und die Leichname nicht am Kreuz blei-ben sollten den Sabbat über – denn dieser Sabbat war ein hoher Festtag –, baten die Juden Pilatus, dass ihnen die Beine gebrochen und sie abgenommen würden. Da kamen die Soldaten und bra-chen dem Ersten die Beine und auch dem andern, der mit ihm ge-kreuzigt war. Als sie aber zu Jesus kamen und sahen, dass er schon gestorben war, brachen sie ihm die Beine nicht; sondern einer der Soldaten stieß mit dem Speer in seine Seite, und sogleich kam Blut und Wasser heraus (Joh 19).

Da hängt es, „Gottes großes Friedensangebot". Da hängt er nackt, auf unbeschreiblich grausame Weise gedemütigt, ermordet und zur Schau gestellt. Unsere Strafe hat er auf sich genommen. Dies ist der Freispruch. Wir können als freie Menschen den Gerichtssaal verlassen. Damals hatte Pilatus das Volk wählen lassen, wer aus Anlass des Passahfestes die Freiheit geschenkt bekommen sollte.

Zum Fest aber hatte der Statthalter die Gewohnheit, dem Volk ei-nen Gefangenen loszugeben, welchen sie wollten. Sie hatten aber zu der Zeit einen berüchtigten Gefangenen, der hieß Jesus Barab-bas. Und als sie versammelt waren, sprach Pilatus zu ihnen: Welchen wollt ihr? Wen soll ich euch losgeben, Jesus Barabbas oder Jesus, von dem gesagt wird, er sei der Christus? Denn er wusste, dass sie ihn aus Neid überantwortet hatten. Und als er auf dem Richterstuhl saß, schickte seine Frau zu ihm und ließ ihm sagen: Habe du nichts zu schaffen mit diesem Gerechten; denn ich habe heute viel erlitten im Traum um seinetwillen. Aber die Hohepriester und Ältesten überredeten das Volk, dass sie um Barabbas bitten, Jesus aber umbringen sollten. Da fing der Statthalter an und sprach zu ihnen: Welchen wollt ihr? Wen von den beiden soll ich euch losgeben? Sie sprachen: *Barabbas!* (Mt 27,15).

Sind wir nicht alle wie Barabbas? Was mich betrifft, ich bin in so vielen Dingen schuldig geworden. Doch Jesus ist für alle, auch für mich ganz persönlich, diesen grausamen Weg gegangen. Er ist nicht nur mein Verteidiger, sondern er ist auch der, der für mich die Schuld bezahlt hat. Er ist auch dein Verteidiger. Jemand sagte einmal: „Wenn ich zum Kreuz schaue, fällt mir zuerst nur ein Wort ein: Stellvertreter."

Geboren, um an unserer Stelle zu leiden und zu sterben. Geboren, um uns das verlorene Paradies zu schenken, um unser aufgewühltes Herz zu beruhigen und uns den Frieden zu bringen, den uns die Welt nicht geben kann.

Gedanken von anderen

Es gehört zu uns Menschen, sich nach etwas auszustrecken und sich nach etwas zu sehnen: Glück, Liebe, Sinn, Gesundheit, Frieden, Geborgenheit und ein erfülltes Leben. So fragt die Band Silbermond danach, wann der Himmel „aufreißt", damit sich Dinge zum Guten wenden und Sehnsüchte gestillt werden. Für „Die Toten Hosen" allerdings kommt das Paradies nicht in

Frage, „wenn der Weg dorthin so schwierig ist". Wie auch immer man sich das Paradies oder den Himmel vorstellt, sie sind ein Teil großer Hoffnung, die über unsere Gegenwart hinaus auf Gottes Ewigkeit greift. Den Grund legt Jesus durch seinen Tod und seine Auferweckung selbst. Mit dem Tod enden zwar meine Möglichkeiten, aber Gottes Möglichkeiten kennen keine Grenzen. Das schenkt Trost und Hoffnung. Der Mensch sehnt sich nach seinem wahren Zuhause, nach dem Ort, von dem alle Sehnsüchte herkommen und an dem sie alle vollkommen und nicht nur vorübergehend gestillt werden – dem himmlischen Paradies. Dort, wo Menschen auf Jesus vertrauen, mit ihm und für ihn unterwegs sind und ihn wirken lassen, zeigt sich schon hier und jetzt ein kleiner Vorgeschmack. Ich kann nichts selbst dazu beitragen, ins Paradies zu kommen – ich kann es mir nur schenken lassen von dem, der sich schon für mich entschieden hat, bevor ich mich für ihn entscheiden konnte. Er ist mein Leben; auch wenn mein Leben vorüber ist.

Dennis Wickersheim, Königsbach-Stein, Lehrer

KAPITEL 9

Ostermorgen

Das Grab Jesu ist leer, der große Stein ist weggewälzt. Es gibt so viele schwere Steine in unserem Leben, die weggewälzt werden müssen. Man gebraucht ja oft das Sprichwort: „Mir ist ein Stein vom Herzen gefallen." Ja, mein Gott kann Steine bewegen. Ohne ihn können wir nichts tun (vgl. Joh 15,5), doch mit ihm können wir Großes bewältigen. Weder der Grabstein noch der Tod selbst konnten ihn aufhalten. Jesus, der das Leben selbst ist, nahm dem Tod seinen Schrecken. Jesus verwandelte die Endgültigkeit des Todes in eine Ewigkeit voller Liebe.

Während ich an diesem Kapitel schrieb, bekam ich eine E-Mail. Ein Mann etwa in meinem Alter, der sein Leben in Jesu Hände legte, starb lächelnd am Ostermorgen in den Armen seiner Frau. Oft wurde mir schon Ähnliches berichtet. Die Menschen, die klinisch tot waren und dabei Jesus begegneten, haben keinerlei Furcht mehr vor dem Tod. Ein „Lächeln", „Furchtlosigkeit" im Angesicht des Todes – welch ein Trost, welch eine Hoffnung im Hier und Jetzt.

Das Grab meines Gottes ist leer, weil er lebt.
Jesus spricht: *„Ich lebe und ihr sollt auch leben"* (Joh 14,19).

Ein Leben mit Gott, nie mehr allein sein. Sich geborgen und geliebt wissen. Jeden Tag mit ihm und durch ihn leben.

Früher, als Kind, schlief ich oft irgendwo ein und bin ganz woanders aufgewacht. Wenn meine kleine Tochter auf dem Sofa oder im Auto einschläft, dann trage ich sie in ihr Bettchen. Wenn sie dann aufwacht, wundert sie sich, wie es dazu kam. Sie wurde getragen. Du weißt doch nun, Gott sagt: *„Ich lasse dich nicht fallen und verlasse dich nicht"* (Jos 1,5). So oder so ähnlich wird es wohl sein, wenn wir hier „einschlafen". Er wird uns tragen und wir werden bei ihm aufwachen.

Siehe da, die Hütte Gottes bei den Menschen! und er wird bei ihnen wohnen, und sie werden sein Volk sein, und er selbst, Gott mit ihnen, wird ihr Gott sein; und Gott wird abwischen alle Tränen von ihren Augen, und der Tod wird nicht mehr sein, noch Leid noch Geschrei noch Schmerz wird mehr sein (Offb 21,3-4).

Juhu … wir werden wieder mit „Abba", unserem himmlischen Papa, vereint sein, mit ihm zusammen wohnen und ewig leben. Wir müssen um nichts mehr bitten, weil wir dann alles haben, was wir wirklich brauchen – IHN. Es gibt dann keine Kriege mehr, kein Leid, keine Schmerzen, keine Verletzungen, keine Krankenhäuser, keine Friedhöfe. Er wird abwischen alle Tränen. Wir haben nie mehr Grund zu weinen. Ich glaube, dass die Sterbenden, die lächeln, es bereits spüren. Sie erhaschen schon einen Blick der Ewigkeit und erahnen es – keine Tränen mehr, nur ewige Freude. Mein Vater sagte mir kurz vor seinem Tod: „Ich gehe nach Hause." Er war so froh, so aufgeräumt, so entspannt, so glücklich dabei. Nun, beim Schreiben dieser Zeilen verstehe ich es noch besser.

Dankbarkeit

In Dankbarkeit zu leben, ist wahrer Reichtum. Sich auf das zu konzentrieren, was man hat, und nicht auf das, was man nicht hat, ist nicht immer einfach, auch nicht für mich.

„Der Herr ist mein Hirte, mir wird nichts mangeln" (Ps 23,1). Ich bin so dankbar, dass er sich finden ließ von mir, dass ich ihn habe. Viele Psalmen beginnen mit *„Der Herr ist mein"*, und die Zehn Gebote beginnen mit *„Ich bin der Herr, dein Gott"*.

Wie einzigartig, dies „Mein und Dein". Es erinnert mich an Liebespaare, die sich in Bäumen und Parkbänken mit Herzchen verewigt haben. Paare, die sich lieben. Ja, so soll es sein. Gott und du ein Liebespaar. Gott und ich ein Liebespaar! Unzertrennlich in ewiger Liebe. Dafür bin ich so dankbar.

Der, der mir jeden Augenblick sagt: „Ich bin dein", ist bei mir. Er wandert Hand in Hand mit mir durch die dunklen Täler. Oft trägt er mich, wenn ich selbst nicht mehr gehen kann. Er verteidigt mich und bewegt mein Herz. Er vergibt mir, immer und immer wieder, und er beschenkt mich aus Gnade und Barmherzigkeit mit ständiger Freude und Freiheit. In dieser Gewissheit Tag für Tag leben zu dürfen, ist wahrer Reichtum.

Eines Nachts konnte ich stundenlang nicht schlafen und ständig schwirrte durch meinen Kopf: „Ruf den Klaus an und schreibe ein Buch mit ihm." Das tat ich gleich am nächsten Morgen. Am selben Tag noch entschlossen wir uns, dieses Buch in Angriff zu nehmen. Wir sprachen nichts ab. Jeder schrieb einfach aus seinem Herzen. Das ist doch verrückt. Ja, wir sind wirklich „ver-rückt", von einem Ort voller Schmerzen und unerfüllter Sehnsucht mitten in das Paradies hinein zu dem, der sagt: „Ich bin dein."

Aber wer ist ER? Hast du das Buch mit dem Herzen oder nur mit dem Verstand gelesen? Wenn unser Herz verändert und bewegt wird, dann wird sich auch unser Denken ändern. Jesus ist wunderbar. Er ist Liebe, nichts als Liebe und wiederum Liebe.

Jesus sagt über sich selbst Folgendes:

ICH BIN das Brot des Lebens; wer zu mir kommt, wird nicht hungern, und wer an mich glaubt, wird nie mehr dürsten (Joh 6,35).

ICH BIN das Licht der Welt; wer mir nachfolgt, wird nicht in der Finsternis wandeln, sondern wird das Licht des Lebens haben (Joh 8,12).

ICH BIN die Tür; wenn jemand durch mich hineingeht, so wird er er-rettet werden und wird ein- und ausgehen und die Weide finden (Joh 10,9).

ICH BIN der gute Hirte; der gute Hirte lässt sein Leben für die Schafe (Joh 10,11).

ICH BIN die Auferstehung und das Leben; wer an mich glaubt, wird leben, auch wenn er gestorben ist (Joh 11,25).

ICH BIN der Weg, die Wahrheit und das Leben, niemand kommt zum Vater als nur durch mich (Joh 14,6).

ICH BIN der wahre Weinstock und mein Vater ist der Weingärtner (Joh 15,1).

Keiner war und ist so wie er. Er ist das Brot des Lebens, das den wahren Hunger der Menschheit stillt. Er ist das wahre Licht der Welt, in ihm ist keine Finsternis, er hat alles Dunkle in uns und um uns herum am Kreuz bereits besiegt. Er enttarnt den Feind. Er blendet nicht und verblendet auch nicht. Mit ihm sehen unsere müden Augen wieder klar. Er ist die Tür, die zum Leben führt. Er ist der, der uns führt, der sein Leben aus Liebe für alle gab. Er hat alle schweren Steine weggewälzt, Steine der Schuld und des Versa-gens, und hat dem Tod seinen Schrecken genommen. Er lebt und wir sollen und dürfen mit ihm leben! Er ist die Wahrheit in Person, die Wahrheit, die uns frei macht. In ihm ist weder Lüge noch Trug. Er ist treu, wenn wir untreu sind; er ist da, wenn alle gegangen sind. In ihm ist die Kraft und die Freude am Leben. Nur in enger Verbundenheit mit ihm und durch ihn werden wir wahrhaft heil werden und frei sein.

Lebst du mit vielen Ängsten? Wer hat dich so unsicher gemacht? Wer hat dich verletzt? Wie viele Wunden hast du noch? Beginne zu vergeben und nimm selbst Vergebung an! Deine Wunden werden heilen. Sicherheit kommt allmählich in dein Leben. Scheue dich nicht, Hilfe anzunehmen. Wir Menschen brauchen einander. Lerne zu vertrauen. Aus Angst wird eines Tages Freiheit, die ich dir so sehr wünsche.

Vielleicht denkst du nun: „Wie kann er mir so etwas wünschen, er kennt mich doch gar nicht." Das stimmt, aber Gott kennt dich und du liest dieses Buch nicht aus Zufall, sondern weil Gott es so wollte. Ihn habe ich so oft kennenlernen dürfen, seine Liebe, seine Sehnsucht. Ich denke, ich habe bisher nur Bruchstücke davon erfahren, ein Häppchen seiner Liebe, aber das war schon unbeschreiblich. Eines ist mir klar: Er liebt dich und mich, wie wir es uns gar nicht vorstellen können. Was man uns in unserem Leben angetan hat und was man uns gesagt hat, hat alles seine Spuren hinterlassen. Oft fällt es uns deshalb schwer zu glauben, dass wir wertvoll, einzigartig und wunderbar geliebt sind. Ob wir es aber glauben und annehmen oder nicht, ändert nichts an Gottes Zusage, dass es so ist.

Immer wieder empfand ich beim Schreiben dieses Buches tiefste Dankbarkeit, weil mir selbst so vieles neu bewusst wurde.

Nun ist es mit diesem Buch so wie mit dem Hügel, auf dem die drei Kreuze stehen. In der Mitte hängt der Heiland der Welt, die Liebe Gottes. Er wurde zum Ärgernis für uns und zum Sündenbock der ganzen Menschheit.

Damals gab es zwei Gruppen von Menschen auf Golgatha. Die, welche ihm vertrauten und ihn liebten, und die anderen, die ihn verachteten und verspotteten. Ein Verbrecher lehnte ihn ab, der andere bat um die Ewigkeit mit ihm. Auf welcher Seite stehst du? Der römische Hauptmann, der Jesus sterben sah, sprach aus, was viele dachten: *„Wahrlich, dieser Mensch ist Gottes Sohn gewesen"* (Mk 15,39). Ich kann mir gut vorstellen, dass er danach Ärger bekam, weil er sich mit Jesus solidarisierte. Die Gottessohnschaft war ja der Anklagepunkt gewesen. Tatsächlich bekennt sich der Hauptmann und alle, die an der Verurteilung und der Umsetzung zur Kreuzigung beigetragen haben, für schuldig. Schuldig der Falschanklage und des Mordes an Jesus.

Jeder, der sich damals zu Jesus bekannte, lief Gefahr, sein Leben ebenfalls zu verlieren. Hat sich seit damals etwas verändert? Keine Glaubensgemeinschaft wird weltweit so sehr verfolgt wie die Christen. Ich bin dankbar, dieses Buch schreiben zu dürfen! Sicherlich werden einige darüber spotten, aber das haben sie über Jesus auch getan. Vielleicht werden sich einige darüber ärgern; auch über Jesus ärgerten sie sich so sehr, bis ihr Hass und ihre Wut auf Golgatha gestillt wurde.

Wundert euch nicht, meine Brüder, wenn euch die Welt hasst (1 Joh 3,13).

Wenn euch die Welt hasst, so wisst, dass sie mich vor euch gehasst hat. Wäret ihr von der Welt, so hätte die Welt das Ihre lieb. Weil ihr aber nicht von der Welt seid, sondern ich euch aus der Welt erwählt habe, darum hasst euch die Welt … (Joh 15,18).

Ich habe offen und frei über das gesprochen, was in meinem Herzen ist. Diese Zeilen entstanden aus Liebe zu Gott und aus der Verantwortung heraus, diese Liebe, diesen Schatz mit der Welt zu teilen. Die Freiheit der Vergebung soll zunehmen, damit deine wahren Sehnsüchte gestillt werden.

Mehr als alles, was man sonst bewahrt, behüte dein Herz! Denn in ihm entspringt die Quelle des Lebens" (Spr 4,23).

Während ich dieses Buch schrieb, war ich einigen schweren Angriffen ausgesetzt. Vieles berührte mich so sehr, dass ich so manche Träne vergoss.

Zum Schluss möchte ich Folgendes bekennen:

Ich glaube an Gott, den Vater,
den Allmächtigen,
den Schöpfer des Himmels und der Erde.

Und an Jesus Christus,
seinen eingeborenen Sohn, unsern Herrn,

empfangen durch den Heiligen Geist,
geboren von der Jungfrau Maria,
gelitten unter Pontius Pilatus,
gekreuzigt, gestorben und begraben,
hinabgestiegen in das Reich des Todes,
am dritten Tage auferstanden von den Toten,
aufgefahren in den Himmel;
er sitzt zur Rechten Gottes,
des allmächtigen Vaters;
von dort wird er kommen,
zu richten die Lebenden und die Toten.

Ich glaube an den Heiligen Geist,
die heilige christliche Kirche,
Gemeinschaft der Heiligen,
Vergebung der Sünden,
Auferstehung der Toten
und das ewige Leben.

Amen.[1]

Einst mussten Adam und Eva nach ihrer Rebellion gegen Gott voller Scham und Schuld das Paradies, die Gemeinschaft mit Gott, verlassen. Dort oben auf Golgatha nun nimmt Gott alle Scham auf sich. Er hängt nackt am Kreuz. Wir brauchen uns nicht mehr zu schämen, weil er alle Scham auf sich nahm. Im Paradies gibt es somit keine Scham mehr. Er hat für unser schamhaftes Verhalten bezahlt. Am Kreuz trug er die Sünden der Welt und war von Gott verlassen. Er erlitt die schlimmste Einsamkeit, die je ein Mensch ertragen musste, doch die Tür zum Festmahl wurde damit wieder aufgestoßen. Wir sind wieder vereint und können gemeinsam feiern. Die Arme des Vaters sind ausgebreitet, wir dürfen zu Gott „Papa" sagen. Wir sind wieder Teil der Familie Gottes.

---

[1] Apostolisches Glaubensbekenntnis.

Scham, Schuld und Einsamkeit haben nun ein Ende gefunden. Das ist die gute Nachricht. Alles, was wir dazu tun müssen, ist, das Geschenk anzunehmen: Jesus Christus hat alles dafür getan hat, um uns mit Gott zu versöhnen. Von unserer Seite braucht es kein Abmühen und keine Selbsterlösung, um in Ewigkeit mit Gott zu leben. Nur Liebe. So sollten wir uns von Jesus beschenken lassen, wie es Petrus einst tat. Als er Jesus dreimal verleugnet hatte, ging ihm Jesus noch nach. Mitten in seiner Scham, seiner Schuld und seiner Einsamkeit bereitet Jesus ihm ein Frühstück und fragt ihn dreimal.

„Hast du mich lieb?"

Das ist die Frage aller Fragen. „Hast du ihn auch lieb?" Ich muss dabei an einen wunderbaren jungen Kerl denken, der geistig behindert war. Er war so voller Liebe und fragte die Leute ganz ungeniert: „Hast du Jesus lieb?"

Seine Eltern haben mir erlaubt, dir von Florian, diesem wunderbaren Geschenk Gottes, zu berichten. Florian (19) trainierte bei uns. Er versprühte Freude, überall wo er war. Er brachte vielen Menschen die Liebe Gottes nahe. An einem Freitag bastelten sie in der Schule einen Clown. Die Lehrerin meinte, er könne das auch noch am Montag fertig machen, und Florian sagte: „Nein, am Montag geht das nicht mehr, ich muss es heute fertig machen, sonst wird es nie fertig." Am Abend ging er mit seiner Mama in den Gottesdienst. Nach dem Gottesdienst lief er zu allen Besuchern und verabschiedete sich persönlich. So etwas hat er noch nie getan. Verwunderung herrschte. Abends brachte seine Mama ihn ins Bett. Als sie später noch einmal nachschaute, war ihr geliebter Sohn für immer eingeschlafen – einfach so.

Ich habe keine Antworten auf die vielen „Warum-Fragen". Eines weiß ich aber mit Sicherheit. An diesem Abend hat Jesus ihn heimgetragen und er ist an einem anderen Ort wieder aufgewacht. Er ist in seinem Bett eingeschlafen und bei Gott wieder aufgewacht. Er ahnte es. Deshalb musste er den Clown fertigbasteln, und deshalb verabschiedete er sich von allen Besuchern des Gottesdienstes persönlich.

Tränen füllen meine Augen, während ich dies niederschreibe. *„Ihr seid das Salz der Erde",* sagt Jesus. Salz sein? Florian gab den Menschen um ihn herum eine wohltuende Würze, einen guten Geschmack für das Leben. Salz ist in den großen Meeren und ebenso in unseren kleinen „Tränchen". Salz muss etwas ganz Besonderes sein. Wir sollen Salz sein, also etwas ganz Besonderes. Jesus vergoss selbst Tränen für uns und um uns. Ich schäme mich weder für meine Tränen noch für meine Liebe zu Jesus Christus. Florian war wunderbar, einfach liebevoll und natürlich.

Oft unterteilen wir Menschen in „behindert" und „nicht behindert". Florian hatte keine Behinderung, als es darum ging, Liebe auszusprechen und von Gott zu reden. Eines Tages strich er über den Drei-Tage-Bart des Pfarrers und meinte liebevoll: „Du hättest dich auch rasieren können." Ich muss schmunzeln mitten unter Tränen. Wie oft passiert das einem Pfarrer, dass ihm Gottesdienstbesucher liebevoll über den Bart streicheln? Einfach herrlich. Wie oft sind wir Großen, Erwachsenen, Klugen „behindert", das zu tun, was Florian so ganz natürlich tat? Liebe aussprechen, sich zu Gott bekennen, andere in den Arm nehmen oder voller Liebe jemand über den Bart streicheln. Florian konnte dies alles, er war reich, denn er hatte Jesus lieb und hielt ihn ganz fest in seinem Herzen. Er brauchte keine Glücksbringer, kein Feng Shui, keine Horoskope … Jesus war sein Glück und seine liebevollen Eltern.

Florian fragte selbst die Kassiererin an der Supermarktkasse: „Hast du Jesus lieb?" Florian hatte es erkannt. Die Liebe zu Jesus ist der Schlüssel zum Leben, zur Vergebung, zur ewigen Hoffnung, zur Heilung aller Wunden, zum Paradies. Jesus forderte uns auf: „Werdet wie die Kinder" (vgl. Mt 18,3) … Ich kann von Herzen sagen: „Werdet wie Florian."

Ich bin voller Dankbarkeit gegenüber allen, die zu diesem Buch beigetragen haben: Familie, Freunde und Bekannte. Ich sende auch einen Gruß in den Himmel, wo viele meiner Lieben sind. Danke an meinen Freund Klaus Hettmer und an meinen besten Freund – Jesus, den Retter der Welt. Ich danke meinem Gott, der auch dein Gott sein möchte. Ich danke dem König der Könige.

Komm, und folge Jesus nach! Vertraue ihm. Lass dir von Jesus die Füße waschen, damit du neue Wege gehen kannst. Alles, was sein ist, soll auch dein werden. Komm, und stille deine Sehnsucht, lade ihn in dein Herz ein. Er macht alles neu. Lass den Heiland, deinen Arzt, ganz nah an dich heran und lass ich dich mit allem versorgen, was du wirklich brauchst. In Gottes Nähe, in seiner grenzenlosen Liebe und seiner Geborgenheit sind wir daheim. Das Paradies ist dort, wo Gott ist, wo es nichts als Liebe gibt.

Was zählt in unseren letzten Atemzügen? Welche Gespräche finden in Sterbezimmern und auf Intensivstationen statt? Da wird nicht mehr über Geld, überdimensionale Muskeln, Autos, Häuser und Aktienkurse gesprochen. Dort herrscht die Sehnsucht nach Frieden in den Familien und Frieden mit Gott. Mein Vater, mein Onkel Heinz, viele meiner Freunde und auch Florian haben diesen himmlischen Frieden bereits in diesem Leben erlebt. Sie haben das Paradies schon auf Erden gespürt, schon in sich getragen, bevor sie nach Hause gegangen sind. Am Schweinetrog war die Sehnsucht des verlorenen Sohnes am größten. Als er umkehrte und seinen Vater um Vergebung bat und dann in dessen Armen lag, wurde seine Sehnsucht gestillt. Frieden mit Gott, dem himmlischen Vater, das ist die Sehnsucht aller Menschen.

Ich hoffe, sie wurde gestillt oder du lässt sie endlich stillen:

„Deine Sehnsucht nach dem Paradies"

Deine Sehnsucht wird dich finden

Von Dr. Klaus Hettmer, Tiefenpsychologe

1. Der Beginn der Reise bzw. was suchen wir denn eigentlich?

Als ich im letzten Jahr zur Weiterbildung bei den Lindauer Psychotherapiewochen war, fiel mir in vielen Gesprächen und Buchtiteln auf, wie sehr die Gebiete der Psychotherapie und Spiritualität immer mehr zusammenfinden und kaum mehr zu trennen sind.

Im Bereich der Psychologie fand und findet immer noch ein Paradigmenwechsel statt, eine Trendwende, in der transpersonale und „geistige" Fragen immer mehr Raum und Bedeutung gewinnen. So entwickelte sich ausgehend von Amerika sogar eine eigene Wissenschaft und Therapierichtung, die „Transpersonale Psychologie", die versucht, die Probleme und Krankheiten der Menschen ganzheitlich unter Einbeziehung wichtiger Lebensfragen zu verstehen.

Dabei geht es um die so entscheidenden Fragen, wie:

- Woher kommen wir, und wohin gehen wir?
- Was ist der Sinn des Lebens? Denn ohne Sinn ist alles sinnlos!
- Gibt es eine Bedeutung, einen Auftrag in meinem persönlichen Leben?
- Welchen Stellenwert haben wir Menschen in diesem Kosmos?

Ich musste dabei an eine Begegnung von Michael mit einem verzweifelten Mann an einer Tankstelle denken, die er mir erzählte.

Als Michael den Mann nach seinem Glauben fragte, wurde dieser wütend und gab an, es gebe keinen Sinn oder Schöpfer, alles sei Evolution. So weit, so gut.

Nun wäre Michael nicht er selbst, wenn er es darauf hätte beruhen lassen. So fragte er ihn liebevoll, ob er denn Kinder habe? „Ja, eine süße, kleine Tochter!", antwortete der Mann. Darauf kam Michaels nächste Frage: „Wenn du deine Tochter ansiehst, meinst du also, sie sei ein einfacher Zellklumpen, ohne Sinn und Zweck? Ohne Seele?" Der Mann wurde noch wütender und fühlte sich beleidigt, doch dann sagte er. „Meine Tochter hat sehr wohl eine Seele und sie ist aus Liebe geboren, ich habe sie unendlich lieb!" Und er ging nachdenklich weg.

Wissenschaftler unterschiedlichster Fachrichtungen, besonders Astrophysiker und Quantenphysiker suchen schon lange nach dem Ursprung und Sinn des Lebens: im Makrokosmos und auch unter dem Elektronenmikroskop. Was ist das kleinste Teilchen, von dem alles ausging, aus dem alles besteht und entstand? Was ist der Atem des Lebens?

Doch finden sie mit dem Verstand jemals alle Antworten? Ich weiß es nicht.

Während eines gemütlichen Essens zu Hause unter Freunden meines 10-jährigen Sohnes kam urplötzlich die Frage auf: „Weshalb bist du wohl da?", und mein Sohn antwortete ganz spontan in seinem kindlichen Wissen: „Weil meine Eltern mich wollten und der liebe Gott!" Basta!

So einfach, oder? Man muss nur mit dem Verstand eines Kindes denken lernen und mit den Augen des Herzens sehen.

Jesus Christus stellte einst ein Kind in die Mitte der Erwachsenen und sagte: „Wer nicht wird wie solch ein Kind, kommt nicht ins Himmelreich."

Auch der Mathematik-Professor John Lennox versuchte mit Hilfe seiner naturwissenschaftlichen und vernünftigen Theorien Gemeinsamkeiten zwischen den Gesetzen der Wissenschaft und den Aussagen der Bibel zu finden und entdeckte viele davon! Sie widersprechen sich nicht!

Drei Leidensgeschichten und eine vierte dazu

Ich möchte euch nun an drei Fallgeschichten meiner Klienten teilhaben lassen, die mich sehr bewegt haben und viele Fragen in mir aufwarfen, wonach wir Menschen suchen. Da war:

Hildegard (eine 72-jährige, rüstige und geistig rege Dame)[1]

Sie suchte meine Hilfe im letzten Jahr und berichtete stotternd mit Beben in der Stimme: „Ich schlafe sehr schlecht, mir ist oft schwindelig, ich habe so ein Schreien in mir und solch eine Angst, ich glaube, diese Energie bringt ich um! Ich habe so viel Schlimmes erlebt und es hört nie auf."

Auslöser war ein Alkoholproblem ihrer Tochter, doch erzählte sie unter Tränen, dass sie einen erwachsenen Sohn an einem Hirntumor verloren hatte, ein weiterer Sohn unter Schizophrenie leide und das erste Kind mit zwei Jahren an rheumatischem Fieber verstarb. Lediglich eine weitere Tochter sei gesund. Sie selbst sei als unerwünschtes Kind in den Kriegswirren ohne Vater aufgewachsen und von der Mutter misshandelt worden. Auch in ihrer Ehe sei sie immer alleine gewesen und ihrem Mann sei nur er selbst wichtig.

Auf meine Frage, was sie denn mit Hilfe der Therapie erreichen wolle, antwortete sie: „Ich möchte nur meine letzten Jahre in Ruhe und **Frieden** mit mir und meinem Leben verbringen!"

Sie hatte wegen all der schlimmen Erlebnisse ihren Glauben an Gott verloren, doch einmal hörte sie in einer Kirche während einer

---

[1] Anm.: Alle Namen sind geändert und anonymisiert.

Kommunionvorbereitung die Worte des Pastors zu den Kindern: „Bei jedem von euch steht geschrieben MADE BY GOD" – und sie dachte bei sich: Das gilt wohl auch für mich!?" Das rettete damals ihr Leben!

Dann war da noch:

Tobias (ein 34-jähriger, sehr freundlicher junger Mann)

Er sagte, er komme vom Jobcenter, versuche aber schon lange, sich im Leben zurechtzufinden. Er sei ohne leiblichen Vater und mit wechselnden weiteren „Vätern" bei der Mutter aufgewachsen, die permanent überfordert gewesen sei und ihn und seine Geschwister stundenlang sehr brutal geschlagen habe. Mehrere Jahre habe er im Heim verbracht. Als Erwachsener habe er Altenpfleger gelernt, sei dann zehn Jahre als Aussteiger nach Spanien in eine Kommune gegangen und nach Deutschland zurückgekehrt, als es seiner Mutter schlecht ging. Hier habe er dann eine Gehirnblutung erlitten, von der er aber sich wieder erholt habe. Mittlerweile lebe er in einer Beziehung mit einem Mann, den er sehr liebe. Hinzu komme, dass er sich mit HIV infiziert habe.

„Ich wollte lieber sterben, aber etwas in mir will auch leben, ich bin eigentlich ein sehr freundlicher Mensch, kann aber auch sehr böse sein. Ich fühle mich bei meinem Freund sicher und kann mich fallen lassen und möchte meine **innere Ruhe** finden, mein Gleichgewicht."

Und zuletzt:

Sabine (eine 33-jährige, alleinerziehende Mutter)

Sie lernte ich durch einen Freund kennen, der sie als Taxifahrer in die Klinik fuhr, weil sie ein Rezidiv[2] eines Hirntumors hatte. Dieser

---

[2] Ein Rezidiv bei der Behandlung von Krebs wird meist durch eine unvollständige Entfernung des Tumors verursacht, die nach einiger Zeit zu einem erneuten Auftreten der Krankheit führen kann (Wikipedia).

habe sich vor einem halben Jahr entwickelt und sie sei operiert und nachbehandelt worden. Die Ärzte gaben ihr nur noch kurze Zeit zu leben. Ihre kleine Tochter hatte vor zwei Jahren Leukämie gerade so überstanden.

Sie brauchte dringend **Heilung** und sehnte sich danach, weiterleben zu dürfen und für ihre Tochter da zu sein. Sie meinte: „Ich habe mein bisheriges Leben so wenig genützt!"

So unterschiedlich und bewegend diese Lebensgeschichten auch sind, allen gemeinsam ist die Ohnmacht und Hilflosigkeit im Leben und die Sehnsucht nach Heilung von Körper und Seele. Wir fühlen alle mit ihnen und wissen, dass das Leben so nicht sein sollte, doch was können wir tun? Auch unsere hoch technisierte Medizin und sämtliche psychologische Kenntnisse helfen uns da nicht wirklich weiter.

Wie es eine Klientin von mir vor Kurzem so treffend ausdrückte: **„Ich sehne mich nach bedingungsloser Liebe, so angenommen zu sein, wie ich bin, das leben zu können, was ich bin, einfach nach dem Sein."**

Wie viele Bücher darüber gibt es? Wie viele verschiedene Möglichkeiten und Wege gibt es, die Menschen gehen und suchen, um zu dieser Erfahrung zu gelangen. Doch können wir das mit dem Verstand ergründen? Meine Erfahrung ist, dass mich dieser eher daran hindert, mich und mein Leben zu verstehen oder gar glücklich und in Frieden zu leben.

Ein Zitat aus der Bibel, welches für mich in einer unruhigen und schwierigen Zeit zum Leitsatz wurde und dem ich glauben wollte, lautet:

Vertraue auf den Herrn mit ganzem Herzen und stütze dich nicht auf deinen Verstand. Auf all deinen Wegen erkenne nur ihn, dann ebnet er selbst deine Wege (Spr 3,5-7).

So nutzen uns all unsere Vernünfteleien wenig, wenn wir an die großen Fragen unseres Lebens herangehen, und in den Krisen unseres Lebens erahnen wir etwas von dem größeren Ganzen, das alles zusammenhält und ordnet. Manche nennen es einfach nur einen intelligenten Designer, eine höhere Macht, das Schicksal oder die Liebe. Für Michael und mich ist es ein persönliches Gegenüber, ja mehr noch, ein Vater, der unsere Bedürfnisse kennt, unsere Wunden heilen kann und uns helfen will, dieses Leben zu leben. Aus Liebe!

Wie Professor John Lennox es mal so treffend in einem Buch beschrieben hat:

Der Physiker kann die Zubereitung eines Kuchens erklären, der Chemiker die chemischen Vorgänge, der Biologe die Inhaltsstoffe, aber nur die Großmutter weiß, warum und zu welchem Zweck sie den Kuchen gebacken hat: Aus Liebe und für ihr Enkelkinder![3]

Der Schmerz des verlorenen Paradieses

So viele Menschen leben ohne Sinn und Zweck, ohne eine Ahnung, wie wertvoll sie selbst sind und all die Talente und Eigenschaften, die sie ausmachen. Sie suchen verzweifelt in der Welt nach Glück und Befriedigung der Sehnsucht in ihrem Innersten, von der sie nicht wissen, woher sie kommt.

Wir alle haben diesen paradiesischen Ort verloren, an dem alle unsere Bedürfnisse gestillt werden, nämlich die Gemeinschaft mit unserem Schöpfer und Vater!

Da wo die Liebe nicht ist, ist die Angst!
Da wo die Liebe nicht ist, ist die Verzweiflung!
Da wo die Liebe nicht ist, ist Bitterkeit!
Da wo die Liebe nicht ist, ist Unversöhnlichkeit!
Da wo die Liebe nicht ist, ist der Tod!

---

[3] John Lennox, *Hat die Wissenschaft Gott begraben?*, SCM Brockhaus, Seite 59 f.

Im Paradies gab es keinen Tod, keine Angst, keine Trennung! Dort herrschte die Liebe!

Es ist der ursprüngliche Wunsch und Plan Gottes gewesen, mit uns Gemeinschaft zu haben und in Liebe und ewiger Freude mit uns zu leben.

Gott ist uns nicht fern, im Gegenteil, er ist Teil unseres Leides, Teil unserer Schmerzen, er kennt sie alle und leidet mit uns. Er geht mit uns an die einsamsten Orte, in unsere innersten Gefängnisse, begleitet uns in unserer Trauer und Schuld, weint mit uns um unsere Verletzungen und begegnet uns in den tiefsten Abgründen unserer Seele!

Genau dort, wo es dunkel in uns ist, will er uns erlösen, uns einladen, mit ihm zu kommen in das Licht, in die Liebe, in die wahre Freiheit!

2. Woher kommt unsere Sehnsucht?

Wenn der Mensch nur ein Zufallsprodukt der Evolution wäre, ohne tieferen Sinn und Zweck, aus einer Laune der Natur entstanden, dann wäre es logisch, dass nur die Starken überleben und die Schwachen ausgerottet werden sollten, wie Richard Dawkins, ein führender Vertreter des modernen Atheismus sagt. Dann wären alle Naturkatastrophen, alle Ungerechtigkeit, alle Habgier, alle persönlichen Schicksalsschläge nur gut für die Überlebenden und hätten Sinn.

Doch finden wir das richtig? Stimmt es, was Dawkins sagt, dass ein gesunder Affe wertvoller sei als ein behinderter Mensch? Für Menschen mit einem Herzen in ihrer Brust stellt sich diese Frage gar nicht. Beide sind wertvoll, denn das Leben an sich ist schützenswert und einzigartig.

Jedes Leben!

Wir brauchen nur an unsere Kinder zu denken. Sie sehnen sich nach Liebe, Geborgenheit, Zuwendung, Schutz, freier Entfaltung, letztlich nach einer heilen Familie. Wie oft begegnen Michael und ich in unserer täglichen Arbeit zerbrochenen Ehen und Familien, in denen die Kinder am meisten betroffen sind. Kürzlich erzählte mir ein Polizist, welcher viel mit jugendlichen Drogenabhängigen zu tun hat, Folgendes: „Weißt du, nach was sich diese Jugendlichen am meisten sehnen? Nach dem ganz normalen Leben, einer heilen Welt und einer Familie!" Sie haben vielleicht in der Pubertät dagegen rebelliert, weil so vieles nicht stimmte, und suchten unter Gleichaltrigen nach Halt und Bedeutung, doch dann übermannte sie die Sucht und zog sie immer mehr in diese Abgründe, aus denen es kaum mehr einen Weg zurück gibt.

Wenn ein Mensch dagegen alles hat, was er zum Leben braucht, Essen und Trinken, ein beschützendes Zuhause, eine Familie, Anerkennung und sich selbst verwirklichen darf, dann ist er gesund! Wenn in unserem Körper kein Kampf stattfindet, weil wir uns selbst lieben und annehmen können und auch in unseren Lebensumständen eine liebevolle Ordnung vorherrscht, dann sind wir gesund. Ein gesundes Kind erwächst aus einer gesunden Familie!

Nach der Bedürfnispyramide von Professor Maslow (Bild), einem amerikanischen Psychologen, der als Gründervater der Humanistischen Psychologie gilt, hat jeder Mensch fünf Grundbedürfnisse, die aufeinander aufbauen, und erst wenn diese Basisbedürfnisse befriedigt sind, kann er sich um die höheren kümmern.

Dieses Modell macht sicherlich Sinn, es hat nur einen Haken: es zäumt das Pferd von hinten auf! Denn könnten wir unser wahres Ich und unsere Spiritualität nur finden, wenn wir alles andere haben, müsste jeder Europäer glücklich und jeder Mensch in einem Entwicklungsland unglücklich sein. Doch dem ist nicht so.

Ich denke, die Spitze dieser Pyramide ist die Basis unseres Lebens. Unser innerer Geist, der um seinen Wert und seine Einzigartigkeit

5. Bedürfnis nach Selbstverwirklichung: Spiritualität, Selbstlosigkeit

4. Bedürfnis nach Selbstwert: Selbstvertrauen, Selbstachtung

3. Bedürfnis nach sozialem Kontakt: Wertschätzung, Zugehörigkeit

2. Bedürfnis nach Sicherheit: Geborgenheit, Existenzsicherung

1. Physiologische Grundbedürfnisse: Essen, Trinken, Sexualität, Schlaf

weiß, ist die Voraussetzung dafür, dass wir uns um die anderen Dinge kümmern können. Doch dafür braucht es eine glückliche Kindheit und ein liebevoll geordnetes Umfeld.

Die Physiker und Wissenschaftler erklären uns immer wieder, dass das Universum nach einem Plan abläuft, dort alles sehr geordnet ist, und dies sogar liebevoll (!). Selbst bei den Tieren herrscht nicht das Prinzip des Egoismus auf Kosten aller anderen, sondern mitunter Kooperation und Fürsorge. Sie wissen intuitiv, dass sie nur überleben können, wenn das Gleichgewicht stimmt, und dass sie mit allem verbunden sind.

Denke mal darüber nach: ein Löwenrudel frisst nur so viele Gazellen, wie es zum Überleben braucht, und wenn die Gazellen weniger werden, fressen die Löwen weniger, bis sich die Gazellenpopulation wieder erholt hat. Die Pflanzen atmen Kohlendioxid ein und Sauerstoff aus und wir und die Tiere machen es umgekehrt, ist das nicht phantastisch? Jeder braucht den anderen. Und der Mensch denkt, er steht außerhalb dieser Ordnung. Das ist fast so, als würden die Fische im Aquarium sagen, was brauchen wir die Quelle da draußen!

Doch zurück zu unserer Frage nach dem Ursprung der Sehnsucht:

In jedem von uns gibt es doch diese kleine Flamme der Sehnsucht, nach der wahren Liebe, dem wahren Glück, dem Fortbestand auch über dieses Leben hinaus – wir sehen das mitunter an den Gefühlen unseren Verstorbenen gegenüber.

Könnte das daran liegen, dass wir schon einmal dort waren, in diesem paradiesischen Zustand, dass wir die Liebe und den Frieden, nach denen wir uns so sehnen, alle schon einmal erlebt und geschmeckt haben? Könnte es sein, dass die Erinnerung daran in jeder Zelle von uns vorhanden ist, in unserer Seele, unserem Geist?

Ihr kennt sicher den Satz: „Jeder Mensch ist ein guter Gedanke Gottes!" Der gefällt mir sehr, doch ich möchte ihn noch erweitern: Jede Kreatur, jede Pflanze, jeder Mensch ist ein Ausdruck von Gottes Liebe, und darin lebt und zeigt er sich auf eine einzigartige Art und Weise.

In jedem Hund, der uns liebevoll anschaut, in jeder Rose, die uns erfreut, in jedem Walfisch, der aus Freude komplett aus dem Meer springt, und erst recht in jedem neugeborenen Kind spiegelt sich Gottes Liebe. „Welch ein Wunder", sagen wir dann, „dieses Kind leuchtet ja noch." Kein Wunder, kommt es doch direkt vom Licht!

So tragen wir alle den Funken Gottes in uns, sind wir ihm doch nachgebildet! Wir sehnen uns so sehr nach dieser Gemeinschaft und Wiedervereinigung, auch wenn uns dies meist nicht bewusst ist. Wir suchen daher nach Erfüllung und Erlösung in allem anderen, doch dazu später mehr.

John Eldredge schreibt in seinem Buch „Finde das Leben, von dem du träumst" (Brunnen-Verlag) sehr treffend von dieser Sehnsucht in uns und dem Dilemma, diese Sehnsucht hier auf Erden wohl nie so ganz gestillt zu bekommen. Ein sexueller Höhepunkt in einer liebevollen Partnerschaft führt uns vielleicht sehr nahe an diese Erfahrung heran, auch ein wunderschöner Sonnenaufgang an einem Frühlingsmorgen oder das Erleben der Geburt eines Kindes. Doch all diese Erfahrungen sind nur vorübergehend, und manchmal treffen uns ja auch unvermittelt Schicksalsschläge und zerstören jäh unsere Träume. Was können wir dann tun?

Eldredge nennt diese Sehnsucht das „tiefste Geheimnis unseres Herzens" und empfiehlt uns, diese kleine Flamme im Inneren nie ganz ausgehen zu lassen und sie immer wieder neu zu entfachen. Gerade in den Krisen unseres Lebens brauchen wir die Hoffnung und Sehnsucht nach dem Paradies. Ein lebender Beweis und ein Vorbild für mich ist Nick Vujicic, welcher ohne Arme und Beine geboren wurde und nun in aller Welt herumreist und den Menschen von ihrem Wert und der Hoffnung auf Erfüllung ihrer Sehnsüchte und Träume erzählt.

Für mich ist es diese Sehnsucht nach dem Paradies, die wir alle in uns tragen und welche uns zu den tiefsten Fragen und auch Antworten unseres Lebens führt, ins Innerste unseres Herzens, dort, wo wir Gott finden.

Immer wieder mache ich in meiner Praxis die Erfahrung, dass die verzweifeltsten Menschen, die zu mir kommen, bei denen nichts in Ordnung ist und denen als letzter Ausweg nur die Flucht aus diesem Leben erscheint, diese Sehnsucht in sich und den Glauben an das Gute aufgegeben haben. Ihr Leben wird beherrscht von Kampf, Wut, Unversöhnlichkeit, Verletztheit und Scham, und auf die Frage, ob sie denn an irgendetwas glauben, antworten sie meist: „Das hat sich für mich erledigt, ich glaube nichts mehr, bin zu oft enttäuscht worden."

Wenn es ihnen jedoch gelingt, die Wahrheit hinter all den Lügen, die sie gehört haben und die sie sich selber sagen, wieder zu finden, wenn sie entdecken, dass sie in ihrem Leben auch oft geführt wurden und beschützt waren, und sie dann wieder glauben und vertrauen lernen wollen, ist das wie eine Erlösung und Heilung beginnt.

Auch meinen eigenen Weg mit dem Glauben und Gott würde ich eher als eine kurvige Berg-und-Tal-Fahrt beschreiben, mal begeistert und voller Vertrauen, dann wieder enttäuscht und anklagend, zweifelnd. Doch mittlerweile weiß ich, dass Gott damit kein Problem hat und mich so annimmt, wie ich bin, und sogar immer bei mir war, auch und gerade in den dunkelsten Stunden meines Lebens. Als ein Sünder (Sünde bedeutet ja Zielverfehlung) oder ganz verzweifelt, mit meinem Latein am Ende, erlebte ich Gottes Gegenwart am stärksten, und das überführte und heilte mich, wie den verlorenen Sohn aus der Bibel. Das war oft mein Weg, und ich denke, lieber Leser, dir ging es manchmal genauso. Nimm dir mal etwas Zeit und denke darüber nach!

Tagtäglich können wir Gottes unendliche Liebe und Gnade erleben, die ich manchmal mit meiner bescheidenen „kleinen Liebe" meinem Sohn gegenüber vergleiche. Nur hat Gott uns unendlich mehr lieb. Er hat uns nicht nur aus und in Liebe geschaffen, sondern durch seinen eigenen Sohn alles dafür getan, um uns verlorene Söhne und Töchter zu erreichen, indem er selbst Mensch geworden ist. Das ist wohl ein Geheimnis, das wir so nie ganz verstehen werden.

Es gibt keine größere Liebe, als wenn einer sein Leben für seine Freunde hingibt (Jesus in Johannes 15,13).

3. Lege die himmlische DVD ein: Dankbarkeit, Vergebung, Demut!

Eines Sonntags ging ich in der Abenddämmerung spazieren. Es lag so ein Friede in der Luft und auch in meinem Herzen war alles ruhig und still. Die Sonne ging an einem gelbroten Abendhimmel gerade unter und der Vollmond zeigte schon, dass er nun bald die Nacht erhellen würde.

Und während ich so spazierte, konnte ich nicht anders, als Danke zu sagen und demütig zu bestaunen, wie schön und einzigartig doch diese Natur und das Leben an sich ist. Ich bedankte mich für die Sonne, den Mond, die grünen Wiesen und Wälder, die Meere und Seen, für alles, was ich hatte und was Gott in seiner unendlichen Liebe uns alles umsonst geschenkt hatte.

Mir fielen einige Begebenheiten aus meinem Leben ein, in denen ich mich nicht besonders rühmlich verhalten hatte und zornig war. Ich war zutiefst dankbar für den Frieden, den ich heute darin verspüre; Vergebung hat mir dies ermöglicht.

Dann kamen mir die vielen Menschen in meinem Wohnort in den Sinn, die jetzt wieder ihre Fernseher und Computer einschalten und sich mit unsinnigen und negativen Dingen füllen würden und wie einsam und traurig doch die meisten dabei sind. Nicht umsonst war ja mein Stundenplan als Therapeut übervoll! Und ich hatte den Wunsch, sie möchten doch die „himmlische DVD" einlegen mit den Themen Dankbarkeit, Vergebung und Demut, die mir schon so oft in meinem Leben geholfen hat, sei es als Opfer oder als Verursacher von Leid.

Ich hatte es erlebt, wie mich dieses göttliche Programm wieder heil machte, mir Frieden schenkte und tiefe, innere Ruhe. Und ich wünsche dir von Herzen, lieber Leser, dass auch du diese Erfahrung machen kannst. Die Welt kann uns nicht das geben, was wir wirklich brauchen. Wir müssen lernen, im Geist und aus Glauben und im Vertrauen zu leben. Schließlich vertrauen wir ja täglich auch auf die Sonne, den Regen, die Jahreszeiten, unser Herz und auch auf die Liebe unserer Angehörigen.

All dies ist uns geschenkt und wir können und müssen uns diese lebensnotwendigen Dinge nicht verdienen, Gott sei Dank.

Wer die Welt liebt, kennt die Liebe des Vaters nicht!

Daher ist es so wichtig, sich mit Hilfe der drei Herzenshaltungen Dankbarkeit, Vergebungsbereitschaft und Demut immer wieder von den weltlichen Dingen zu befreien.

Lebe dein Leben für die Leidenschaft, für die Sehnsucht, um die es in diesem Buch geht, und nicht für die Lust, denn die Lust möchte immer befriedigt werden und wird niemals satt.

Die Liebe dagegen kann warten und ist geduldig und langmütig; sie ist sich selbst genug und nur möglich in der Beziehung zu Abba Vater.

Ich hatte mal einen Traum, in dem ich etwas gegessen hatte, wonach es mir sehr schlecht ging und wodurch ich vieles verloren hatte:

- Ich verlor die Liebe zum Leben, weil ich die vielen negativen Bilder, Worte und Gedanken verinnerlichte, die ich tagtäglich sah, las, hörte und dachte.
- Ich verlor meinen Glauben durch die vielen Negativbotschaften.
- Ich verlor meine Stärke durch die vielen Anforderungen, was ich alles zu tun und zu bewältigen hätte.

Nennen wir es vielleicht das geistige Burnout-Syndrom, unter dem ja inzwischen fast jeder leidet.

Doch die Bibel sagt uns, wir sollten reden, was uns ermutigt und auferbaut, was gut und stärkend für Seele und Geist ist.

Zu der Frau am Jakobsbrunnen sagt Jesus:

Ich gebe dir von dem Wasser, welches dich niemals mehr dürsten lassen wird und in dir zu einer Quelle wird, die in Ewigkeit sprudelt und überfließt (vgl. Joh 4,14).

Das können wir doch alle gebrauchen. Wir können aber erst dann helfen, wenn wir voll sind und auch bleiben. Man hat übrigens herausgefunden, dass „Dienen" das höchste Lebensglück bedeutet.

Dankbarkeit

Wofür können wir dankbar sein? Ich denke, jeder findet Hunderte von Dingen in seinem Alltag, für die er Danke sagen kann und die alle nicht selbstverständlich sind, wie zum Beispiel fließendes Wasser, Wärme, ein Dach über dem Kopf, Kleidung, Essen und Trinken, Freiheit. Das sind alles Dinge, die in vielen Ländern dieser Erde nicht in ausreichendem Maße vorhanden sind.

Wenn ich einen schlechten Morgen habe und mich selbst bemitleide, dann kommt es schon mal vor, dass mich meine liebe Ehefrau fragt: „Was hast du denn? Bist du krank? Leidest du Hunger, Bist du arm? Was hast du für ein Problem?" Und dann sage ich: „Danke" und bin wieder im Lot.

Dankbarkeit nimmt uns auch den Stachel der Unvergebenheit und des Zorns, wenn Dinge im Leben geschehen sind und weiterhin geschehen, die unrecht sind. Wir wissen ja, dass Gott uns und unser Leid sieht und ein Unrecht auch niemals verloren geht, er wird sich darum kümmern. Auch das habe ich schon oft erlebt und wie ich mehr als zuvor gesegnet wurde, nachdem ich vergeben habe und dankbar war.

Betet ihr noch mit euren Kindern? Beim Gute-Nacht-Sagen, beim Essen, am Morgen? Allein das Wort Danke bringt uns „energetisch" auf eine sehr hohe Ebene, dem Himmel näher.

„Sagt in allem Dank und freut euch allezeit" (vgl. 1 Thess 5,16.18).

Demut

Dieses Wort und diese Herzenshaltung ist in unserer Zeit ziemlich aus der Mode gekommen. Die von uns verehrten großen Lehrer und Weisen der Geschichte waren allerdings durchgehend davon durchdrungen.

Das Wort Demut kommt ja von „dienen", „dienstwillig sein", die „Gesinnung eines Dienenden" haben. Laut Wikipedia erkennt und akzeptiert der Demütige aus freien Stücken, dass es etwas für ihn Unerreichbares, Höheres gibt. Zu unterscheiden ist die innere Haltung und der äußere Ausdruck von Demut, wobei im Idealfall beides übereinstimmt. Demut gilt als eine Tugend, etwas, wonach der Mensch streben sollte.

Psychologisch gesehen ist sie als emotionale Haltung ein Gegengewicht zu übertriebener Selbstliebe, dem sogenannten krankhaften Narzissmus, der wieder aus dem Gefühl der eigenen Minderwertigkeit resultiert. So hat ein Diener (Demütiger) die Haltung eines Königs und ein König die Haltung eines Dieners. Jesus hat uns dies am Abend vor seiner Kreuzigung in der Fußwaschung vorgelebt und als Auftrag weitergegeben: „So wie ich euch getan habe, so sollt auch ihr einander tun."

Die Liebe gibt zuerst, ohne Hintergedanken, ohne Forderungen und Erwartungen, einfach bedingungslos, weil sie eben Liebe ist!

Vergebung

Vergebung ist einer der mächtigsten Schlüssel zum Glück und zu gelingenden Beziehungen!

Jesus wusste um die Kraft der Vergebung und dass er damit alle Hindernisse überwinden konnte. Er sah alles immer mit den Augen der Liebe an und erkannte dadurch die Wahrheit hinter jeder Lüge. Durch Vergebung können wir aus dem ewigen Kreislauf von Schuld, die immer nur wieder Schuld erzeugt, heraustreten und wirklich frei werden.

Es gibt viele Bücher über Vergebung und viele Studien darüber, die beweisen, dass Vergebung keinerlei negative Folgen in sich trägt. Im Gegenteil: Körperliche und seelische Prozesse werden positiv beeinflusst.

Ich gehe sogar so weit, zu behaupten, dass viele Krankheiten in unserer Zeit auf mangelnde Vergebungsbereitschaft – sich selbst und anderen gegenüber – zurückzuführen sind. Aber in unserer

Gesellschaft, die immer nach Idealen und nach dem Perfekten sucht, ist Vergebung nicht gefragt. Sie wird zwar noch erwähnt, aber echte Schuldfreiheit nach einer Entschuldigung scheint es hier nicht zu geben.

Wie anders ist das bei Gott, der uns zusagt, sich an unsere Vergehen und Sünden nicht mehr zu erinnern, wenn wir sie bereuen und durch Jesus vergeben lassen. Welch eine Zusage!

4. Das Ziel unserer Reise!

Von der Urangst zum Urvertrauen

Mittlerweile sind wir auf unserer Reise zum Paradies schon weit gekommen, doch was genau ist denn unser Ziel?

Wenn Jesus lehrte, dass das Himmelreich nahe herbeigekommen sei, so sprach er ja nicht davon, dass wir alle möglichst schnell sterben sollten, um wieder bei Gott zu sein. Nein, ER brachte uns dem Paradies wieder näher und ermöglichte uns durch die Versöhnung mit ihm selbst und dem Schöpfer den Weg dahin zu finden und schon auf dem Weg davon kosten zu können. Als seine Nachfolger hätten wir es zwar nicht immer einfach, im Gegenteil, wir würden oftmals von der Welt bekämpft werden, aber wir hätten auch die Kraft, diese Dinge zu überwinden.

„Was passiert nur mit der Welt?"

So lautete eine Frage, die mir eine depressive Patientin kürzlich stellte. Sie erzählte davon, dass sich ihr Nachbar am Wochenende umgebracht habe und ihre beste Freundin ihr sagte, sie wisse nicht, wozu sie eigentlich jeden Morgen aufstehe. „Was passiert nur mit der Welt?", so die berechtigte Frage, die mich sehr bewegte, und ich konnte ihr inneres Kopfschütteln zunächst einmal nur teilen.

Was antwortet man solchen Menschen auf ihre Fragen zu den Dingen im Leben, die einfach nicht passieren sollten? Mir fielen die vielen guten Dinge ein, die auch im Leben passieren, wie die vielen selbstlosen Helfer, die namenlosen Retter. Die Frau, die dem Mörder ihrer Tochter aus tiefstem Herzen vergeben konnte usw.

Ist das Leben ein Kampf, gibt es einen Grund, warum du und ich da sind und dass wir so sind, wie wir sind? Gibt es einen Sinn hinter allem Sein, ein Ziel, eine Aufgabe?

Denken wir noch einmal an unsere geliebten Kinder, an die uns lieb gewordenen Tiere, an die Schönheit der Natur – dann können wir doch gar nicht anders, als staunend davorzustehen, dankbar zu sein und ein bedingungsloses Ja zu all diesen Menschen und Dingen zu haben.

Warum nicht auch zu uns und unserem Nächsten? Der Grund dafür ist die Angst! Wir alle haben verschiedene Urängste oder sog. Kernängste in uns. Da ist zum Beispiel die Trennungsangst, die für einen Säugling lebensbedrohlich ist! Des Weiteren die Existenzangst um Leib und Leben, die Todesangst, die Angst vor dem Verlust der Freiheit und die Angst, in Ewigkeit verloren zu sein (die Angst vor der ewigen Nichtexistenz oder dem ewigen Feuer).

Diese Ängste sind nicht nur genetisch und physiologisch in uns angelegt und zum Teil auch überlebenswichtig, sondern sie entstehen auch oft in unserer Kindheitsgeschichte, in der wir äußerlich in totaler Abhängigkeit von unseren Eltern leben.

Die *Kernfrage unseres Lebens,* von der unser inneres Weltbild abhängig ist, lautet:

Gibt es für alles eine einzige, gute Quelle oder gibt es zwei unterschiedliche Kräfte, Gut und Böse, die sich ständig bekämpfen? Die eine Kraft ist mir gut gesonnen, die andere bedroht mich.

Stellt euch einmal ein dreijähriges Kind vor. Für dieses Kind sind die Eltern die Quelle, von der alles kommt. Wenn jetzt der Vater heute trinkt und gewalttätig ist und morgen nüchtern und freundlich, dann ist die Welt für dieses Kind mal gut und mal böse und es selbst diesem Treiben hilflos ausgeliefert. Ja, es verinnerlicht sogar diese Spaltung und bekämpft diese zwei Seiten in sich selbst und in der Welt. So wird die Welt zum Kampfplatz, aus Angst!

Wir alle wissen, dass ein Kind eine solche Erfahrung nicht machen sollte. Es braucht Eltern, die es bedingungslos annehmen, so wie es ist, unabhängig von seinem Tun und trotz seiner Fehler und Schwächen. Nur dann entwickelt es Urvertrauen und Liebesfähigkeit.

Wir alle haben *zwei „Basisgefühle"* in unserem Bauch (dort sitzt ja bekanntlich unser inneres Kind): entweder *Liebe* oder das Gegenteil davon, das ist *Angst*. Außerdem haben wir alle einen sagenhaft guten „Computer" in unserem Kopf, der unentwegt „rechnet" (also denkt, vergleicht, vorausschaut, usw.) und entweder positive oder negative Ergebnisse erwartet. Das Ganze wird dann in unserem Herzen zu unseren Überzeugungen verarbeitet, mit denen wir tagtäglich unser Leben gestalten (programmieren).

Jetzt stellt euch einmal eine Frau mit einer schweren Krankheit vor: entweder denkt sie positiv und glaubt voller Vertrauen an ihre Heilung oder sie denkt negativ und sieht sich schon im Grab.

Jesus hat gesagt: *„Die vollkommene Liebe treibt jede Furcht aus"* und *„Wer noch in der Furcht ist, ist noch nicht in der Liebe"* (vgl. 1 Joh 4,18).

Immer wieder steht in der Bibel: „Fürchtet euch nicht" oder „Habt keine Angst", aber es wird auch darauf hingewiesen, wie wir diese Furcht überwinden können: *„In der Welt habt ihr Angst, aber siehe, ich habe die Welt überwunden"* (Joh 16,33).

Und in Jesu schlimmster Stunde am Ölberg, wo er Blut schwitzte aus Angst, gab er sich voll Vertrauen seinem Vater hin, betete, *„nicht wie ich will, sondern dein Wille geschehe"* (Lk 22,42) und konnte somit die Angst überwinden und seinen schweren Weg gehen. Ich danke ihm dafür. Damit hat er auch uns aufgezeigt, wie wir unsere Ängste überwinden können und in den schlimmsten Stunden unseres Lebens Trost und Halt finden.

Nun zurück zu unserer Sehnsucht: Unsere Sehnsucht nach dem Wahren und Schönen, nach Frieden und Liebe, nach einer Welt, in der es kein Leid mehr gibt und keine Tränen, ist tief in unserem Unbewussten verankert und zeigt sich immer dann, wenn Menschen ihr Herz öffnen und den wahren inneren Menschen erkennen lassen.

Wir sind alle aus Liebe geboren und zur Liebe bestimmt oder wie Nelson Mandela es einmal ausdrückte: **„Wir sind alle bestimmt, zu leuchten, wie es Kinder tun. Wir sind geboren worden, um den Glanz Gottes, der in uns ist, zu manifestieren. Er ist nicht nur in einigen wenigen von uns, er ist in jedem einzelnen."**

Jeder von uns ist einzigartig, einmalig, und jeder trägt einen wertvollen Schatz in sich, nämlich seine Persönlichkeit und individuelle Berufung.

Berufung heißt, dass es einen Ruf für uns gibt, eine Bestimmung. Wenn wir diesem Ruf folgen, stimmt alles. Wir sind dann mit uns und dem Leben in Einklang. Unser Leben folgt dann einem Plan, der größer ist als wir selbst: Gottes Plan!

Wir Menschen können uns nicht selbst erlösen, da wir ja schon durch unsere Geburt von unserer wahren Identität und Familie getrennt wurden. Viele Religionen beschreiben dies ähnlich. In jedem Menschen gibt es den Wunsch, weiterzuleben. Zumindest wünschen wir uns, die Angehörigen, die uns so lieb waren, wieder zu treffen. Wo sollen wir sie denn suchen? Im Nirwana? In einer Energiewolke? In einer Kuh?

Wenn man mit Menschen arbeitet, die ihre Kinder oder ihren Ehemann verloren haben, so gelingt dies nur, wenn man ihnen die berechtigte Sehnsucht nach einer Wiederbegegnung nicht nimmt. Meist wünschen sie sich jetzt schon einen „sicheren Ort" für den geliebten Verstorbenen.

Dies ist für viele Menschen ein himmlischer Ort, an dem sie ihren Angehörigen wieder begegnen, sie in die Arme schließen können und mit Ihnen in der Ewigkeit glücklich leben werden.

Viele Menschen mit Nahtoderfahrungen berichten davon, wie schön es im Jenseits ist und dass sie auch Angehörige getroffen haben, die ihnenvoraus gegangen sind.

Ihr erinnert euch sicherlich noch an Sabine, am Anfang unserer Reise. Mittlerweile ist ihre Tumorerkrankung so weit fortgeschritten, dass es nur noch eine Frage der Zeit ist, wann sie diese Welt verlassen wird. Doch durch Menschen, die ihr Herz für sie und ihr Schicksal öffneten und für sie zu Engeln wurden, hat sie mittlerweile zu Gott gefunden und geht getröstet und gehalten ihren letzten Weg.

So ist in meinen Augen das Ziel unserer persönlichen Reise, unser wahres, inneres Selbst zu finden, indem wir den göttlichen Funken in uns und dem anderen entdecken und die Trennung von dem göttlichen Schöpfer, unserem „Papa" überwinden, indem wir einfach das Geschenk der Versöhnung annehmen und statt Urangst (Misstrauen) wieder Urvertrauen entwickeln.

Dann kann sich auch unsere Erde wieder in das Paradies verwandeln, das es einst einmal war. Auf dem Weg dahin ist es unser Auftrag, Gottes Liebe zu den anderen Menschen weiterzutragen, indem wir Jesu Beispiel folgen, denn: *Gottes Augen sind unsere Augen, Gottes Hand ist unsere Hand, Gottes Ohr ist unser Ohr, Gottes Mund ist unser Mund usw.*

Du bist das, was Gott heute durch dich tun will, da, wo du bist!

5. Bewahre deine Sehnsucht, gib nicht auf!

Was passiert, wenn wir unsere Sehnsucht unterdrücken, unsere Hoffnung begraben, unseren Glauben an das Gute, ja sogar an Gott aufgeben?

Dann landen wir genau dort, wo wir jetzt gerade als Menschheit stehen. Weltweit und in unserem Land: reich und doch arm, gesund und doch krank, in Beziehungen lebend und doch einsam, voller Aktivitäten und doch „Sinn-los"!

Darum sind unsere Kliniken und Gefängnisse voll und so viele Menschen verzweifelt. Was passiert mit unserer Welt? Ja, das frage ich mich manchmal auch.

Ohne diese gewisse Hoffnung, ohne diese Sehnsucht nach dem Paradies, nach jemandem, der den Grund für all das kennt und der wieder Ordnung schaffen kann, der meine innersten Wünsche und Bedürfnisse kennt, weil er mich geschaffen hat, wäre auch ich verzweifelt.

Doch trotz all meines Schmerzes, der wohl auch in der Zukunft nicht ausbleiben wird, werde ich getröstet, gehalten, begleitet, bewahrt (vor Schlimmerem) und geliebt, auch wenn ich dies manchmal erst im Nachhinein sehen kann.

Dafür bin ich zutiefst dankbar, und diese Dankbarkeit ist neben Vergebungsbereitschaft und Demut etwas, das ich nie wieder verlieren möchte!

Wenn ich die Menschen, die zu mir kommen, frage, was denn ihr Ziel für die Therapie sei, antworten sie meistens, dass sie die Angst verlieren möchten oder den Schmerz loswerden wollen oder dass die Depression verschwinden solle. Doch das sind nur die Symptome, weil die Seele, der innere Mensch leidet. Der Alkoholiker trinkt ja nur, um seinen Schmerz nicht mehr spüren zu müssen.

Du und ich, wir alle müssen uns erlauben, unseren tiefsten, inneren Schmerz wieder zu spüren, ihn überhaupt zuzulassen und an seine Wurzel heranzukommen. Nur so können wir die Sehnsucht dahinter wieder wahrnehmen, das, was uns wirklich fehlt. Die Sehnsucht nach dem Leben selbst!

Ich bin gekommen, dass sie Leben haben und es in Fülle haben! (Jesus in Joh 10,10).

Wenn man Sterbende befragt, was sie in ihrem Leben am meisten bereuen, so sagen sie unter anderem, dass sie bereuen, nicht das getan zu haben, was sie wirklich wollten, nicht ehrlich und emotional gewesen zu sein, zu wenig Zeit für sich und die Angehörigen gehabt zu haben. Am Ende ihres Lebens haben sie das Gefühl, das wirklich Wichtige verpasst zu haben, etwas Entscheidendes vergessen zu haben, am Leben vorbeigelebt zu haben, sich selbst und das Leben nicht wirklich gefunden zu haben.

Sie haben es versäumt, diesen wundervollen Planeten mit all seinen Kreaturen und auch sich selbst zu genießen und ihren Platz einzunehmen. Wenn wir unsere Erde so anschauen, diesen wunderschönen, wahrscheinlich einzigartigen blauen Planeten, der Teil von Gottes Schöpfung ist, dann ist dies doch schon ein recht „paradiesischer Ort". Und sei mal ehrlich, *so* schlecht sind doch die Menschen auch nicht, wenn man sie erst einmal näher kennengelernt hat.

Am Ende unseres Lebens werden wir uns nicht fragen, was wir Besonderes geleistet haben, sondern ob wir unser Leben richtig genutzt haben, ob wir in den Herzen unserer Lieben für immer einen Platz haben und den Willen Gottes für unser Leben gefunden haben.

So möchte ich dich ermuntern und ermutigen, lieber Leser, diese kleine Flamme der Sehnsucht nach deinem wunderbaren Leben und einem Leben in Liebe und Frieden mit allen anderen Lebewesen wieder neu zu entfachen und sie nicht auszulöschen. Ganz besonders nicht deine Sehnsucht nach dem jenseitigen Paradies, dessen Ahnung und Realität tief in deinem Herzen verborgen ist.

Nachwort: Gemeinschaft mit Gott – endlich angekommen!

So, lieber Leser, nun hast du es fast geschafft und bist eine lange Reise mit mir und Michael unterwegs gewesen. Wir danken dir sehr dafür und hoffen, dass unsere Gemeinschaft, unsere Lebensgeschichten und Gedanken dir ein wenig geholfen haben.

Wenn du nicht zu allem Ja sagen kannst, ist dies völlig in Ordnung, nimm einfach das mit, was für dich gut ist und dich inspiriert.

Wir wünschen dir von Herzen alles Liebe und dass du die Sehnsucht nach dem Paradies nicht nur neu entfachst, sondern dass du auch schon den Vorgeschmack davon in dieser Welt erleben kannst, denn:

DAS PARADIES IST DA,
wo unsere tiefste Sehnsucht gestillt wird,
wo unser innerstes Herz angerührt wird,
wo unsere lebensnotwendige Suche nach Liebe erfüllt wird,
wo unser innerer Mensch zur Ruhe findet,
wo wir unser eigentliches und wahres Selbst gefunden haben:
IN GOTT ALLEIN !!!

ÜBER DIE AUTOREN

Michael Stahl ist Fachlehrer für Selbstverteidigung. Als Gewaltpräventionsberater arbeitet er für TV-Sendungen sowie an Schulen, in Heimen, Gefängnissen, Kindergärten, Gemeinden, Internaten und Firmen.

Bekannt wurde er als Bodyguard für Prominente (Muhammad Ali, Nena, Fürstin Gloria von Thurn und Taxis u.a.)

Er ist Mitbegründer der bundesweiten Kampagne „Wahre Helden – Stars gegen Gewalt" und wurde 2009 mit dem „WERTE AWARD" ausgezeichnet. Er ist verheiratet und hat zwei Kinder.

Webseite: www.security-stahl.de

Dr. med. Klaus Hettmer ist Facharzt für Psychotherapeutische Medizin und seit 10 Jahren niedergelassen in eigener Praxis. Er ist verheiratet und Vater eines Sohnes.

„Als Mann und Vater bin ich seit längerem auf der Suche nach der eigenen Männlichkeit und dem gottgegebenen Plan für mein Leben. Eine tiefe Sehnsucht lässt mich immer wieder auf die Suche danach gehen."

Webseite: www.dr-klaus-hettmer.de

MutMacherKiste

Aufstehen – Lieben – Kämpfen – Siegen

114 Seiten, Wire-O-Bindung, vollfarbig

Michael Stahl – der MutMacher in Person – hat seine wichtigsten Erfahrungen der letzten Jahre zusammengetragen: viele faszinierende Geschichten über Wunder und Vergebung, die tief berühren.

Der Grafiker Rainer Zilly hat daraus ein kurzweiliges, ästhetisches und praktisches MitMach-Buch gestaltet – eine Fundgrube für alle, die neuen Mut brauchen, anderen Mut machen wollen oder gerne einfach interessante Geschichten und Berichte lesen.

Vater-Sehnsucht

120 Seiten, Paperback; **auch als Hörbuch erhältlich!**

Immer mehr Kinder wachsen in dieser Welt ohne Vater auf. Was wird aus diesen Kindern? Der Vater ist der erste Held im Leben eines Kindes. Dieser mächtigste Mensch der Welt kann Wunden schlagen und sie auch heilen.

Michael Stahl, lässt uns an der Entstehung und dem Heilungsprozess seiner eigenen Vaterwunden teilhaben. Und er berichtet, was er erlebt, wenn er in Schulen, Heime, Gefängnisse oder Firmen geht und dort Menschen hilft, sich miteinander zu versöhnen.

Das Buch ist eine Schatzgrube für alle auf der Suche nach Wurzeln, Identität und Wahrheit.

Verbranntes Männerherz

Auf der Suche nach Männlichkeit (Roman)

120 Seiten, Paperback; **auch als Hörbuch erhältlich!**

Joe, der alles hat, was ein moderner Mann haben sollte, zweifelt an sich und seiner Männlichkeit. Auf der Suche nach Sinn begibt er sich auf eine abenteuerliche Reise.

Er begegnet einem mysteriösen Fremden, der ihm alle Fragen beantwortet, die ihn jahrelang gequält haben. Joe fängt an, an Gott zu glauben und ihn zu lieben. Unfassbare, unerklärliche und wunderbare Dinge geschehen. Wagen Sie mit ihm einen Blick in den Himmel.

Weitere Bücher von GloryWorld-Medien

Wayne Jacobsen, Geliebt!

Tag für Tag in der Zuneigung des himmlischen Vaters leben
240 S., Paperback

Jeden Tag ein Leben zu führen, in dem wir völlig sicher sind, dass wir bedingungslos von Gott geliebt sind – ist das wirklich möglich, und wie sieht das konkret aus?

Wayne Jacobsen bringt uns Schritt für Schritt nahe, wie tief die Liebe Gottes zu uns tatsächlich ist. Wir entdecken dabei, dass wir nicht zu Sklaven, sondern zu Söhnen und Töchtern berufen sind. Die liebevolle Zuneigung unseres Vaters im Himmel gilt uns in allen Umständen. Wir erfahren eine lebendige Beziehung zu ihm, die uns von der Qual der Scham befreit und uns so verändert, dass wir als seine Kinder leben können.

Wayne Jacobsen & Clay Jacobsen
Authentische Beziehungen

Die verlorene Kunst des Miteinanders; 160 Seiten, Pb.

Die Liebe der ersten Christen untereinander war sprichwörtlich. Ihr Miteinander und ihre Ausstrahlung waren ihr größtes Zeugnis.

Heute sind echte und tiefe Beziehungen rar geworden. Wir haben die Kunst, solche Beziehungen aufzubauen, verlernt oder sind nicht gewillt, die entsprechenden Kosten auf uns zu nehmen. Die Folge ist, dass unser Zeugnis nach außen schwach ist und dass viele in den Gemeinden unter Einsamkeit und oberflächlichen Beziehungen leiden.

Die Autoren erläutern, welches Modell für liebevolle, ermutigende und authentische Beziehungen wir im Neuen Testament finden, und zeigen anhand praktischer Beispiele, wie wir zu solchen Beziehungen kommen und sie pflegen können.

Jim Montgomery, Ich lasse mein Licht leuchten

Wie Jesus zu meinen Nachbarn kommt; 96 S., Paperback

Wie können wir unseren Mitmenschen das Licht Jesu so bringen, dass sie Interesse am Glauben bekommen?

Anhand des Beispiels Jesu und seiner eigenen praktischen Erfahrungen zeigt Jim Montgomery auf, dass wir alle, ob jung oder alt im Glauben, unkompliziert und natürlich unseren Nachbarn ein Licht sein können.

Wie wir unsere Nachbarn lieben, für sie beten, uns um sie kümmern, ihnen auf natürliche Weise das Evangelium weitersagen und ihnen helfen können, Jünger Jesu zu werden, davon handeln die Abschnitte dieses Buches.

Michele Perry, Liebe hat ein Gesicht

Abenteuer mit Jesus im Krisengebiet des Sudan – auf einem Bein!; Vorwort von Heidi Baker; 220 S., Paperback

Ohne linke Hüfte und linkes Bein geboren, ist es für Michele Perry „normal", das Unmögliche zu erleben.

Als Gott ihr den Auftrag gab, in den vom Krieg verwüsteten südlichen Sudan zu gehen und dort ein Waisenhaus zu eröffnen, hielten sie alle für verrückt. Aber sie erlebte Gottes Treue wie nie zuvor: Er führte sie in einen entspannten Lebensstil des Geliebtseins hinein, in dem alles möglich wird und Wunder zum Alltag gehören, ob es um seelische oder körperliche Krankheiten, mangelnde Ressourcen, Bedrohungen durch Kriminelle oder ihre eigenen Unzulänglichkeiten geht.

Uwe Pfennighaus
Nur Kinder kommen in den Himmel

Eine Geschichte aus dem Herzen Gottes; 128 S., gebunden

Sehr einfach und gleichzeitig tiefsinnig führt uns der Autor in eine Geschichte zwischen Leben und Tod. Die Frage „Was kommt nach dem Leben?" führt zu der Suche nach dem Ursprung unseres Daseins. Es beginnt eine Entdeckungsreise hin zu den verborgenen Sehnsüchten unseres innersten Seins … Ein besinnliches Buch mit viel Tiefgang und frischem Humor. Es erinnert an die Suche nach dem verlorenen Paradies.

Felicity Dale, Armee der Liebe

Wie Jesus heute mit einfachen Leuten seine Gemeinde baut 260 S., Paperback

Im ersten Jahrhundert waren es einfache Leute, die Jesus gebrauchte, um seine Gemeinde zu bauen. Die Begegnung mit ihm hatte sie verwandelt, und nun ließen sie sich senden, die Werke Jesu zu tun und die damalige Welt auf den Kopf zu stellen.

Auch heute beauftragt Jesus weltweit wieder ganz normale Menschen, einfache Gemeinden zu gründen. Dieses Buch erzählt die wahren Geschichten etlicher solcher Leute und leitet daraus Grundprinzipien ab, die für die Gründung und Praxis einfacher Gemeinden von Bedeutung sind.

Bestellen Sie im Buchhandel oder direkt beim Verlag:

GloryWorld-Medien | Postfach 4170 | D-76625 Bruchsal
Fon 07257-903396 (ab 1.12.14: 02801-9874200) | info@gloryworld.de

Aktuelles, Leseproben, Downloads & Shop: **www.gloryworld.de**